GENUINE
HEART OF
PAMIRS

# 地道風物

## 帕米尔之心

姚瑶　主编

005

中信出版集团 · 北京

# 地 道 风 物

出 品 人：陈沂欢　马　蕾
主　　编：姚　瑶
策划编辑：黄绮媚　马晓茹　刘淑娟
责任编辑：贺　靓　赵云婷　张　刚
图片编辑：何亮靓
地图编辑：程　远　程晓曦
平面设计：何　睦　李　川
封面摄影：小强先森
营销编辑：张林林　贾顺利　惠璐瑶
品牌合作：郭颖谦

出　　品：北京地道风物科技有限公司

# 目录

一个比青藏更浪漫的高原 姚瑶 004

## 地

帕米尔高原，遥远却不孤绝 李志刚 010
生死乔戈里，绝境中的奇迹 张京川 026
慕士塔格，可会再相见？ 范菁 032
冰川秘境，穿行克勒青河谷 陈春石 040

## 道

帕米尔，腹地与边缘 范亚昆 056
塔吉克猜想，从何而来的文化底色 刘湘晨 078
天空之城，苦寒高地中的平静温暖 温瑶 094
发现和探索，从未止步 刘雅婧 106
喀喇昆仑公路，通往未来 刘雅婧 116
瓦罕走廊，隐秘的文明血脉 唐荣尧 124

## 風

塔吉克族，尊敬与珍惜 刘湘晨 134
帕米尔，四季流转 叶方舟 146
高原游牧，移动的精神家园 陈祥军 160
婚礼，高原狂欢 叶金 172
塔吉克民歌，流淌过帕米尔高原的音乐之河 宁二 180
皮里克节——极地之火，燃烧千年 高嵩 196
人在高原 黄绮媚 202

## 物

匮乏与盛宴 霍亮子 216
苍莽荒凉中，绣一室繁花似锦 霍亮子 228
大同山谷，杏树坚忍 姚瑶 238
胡萝卜，抓饭的色彩 安歌 246
野沙棘，随遇而安中繁盛 安歌 248
红其拉甫国门寻蝶记 西锐 250

# 一个比青藏更浪漫的高原

撰文 姚瑶

西藏，无数人旅行清单中的终极选项。这一次，我们的脚步终于踏上了世界屋脊，却惊喜地发现了一个藏地之外精缩版的青藏高原——位于欧亚大陆腹心、中国最西端的帕米尔高原，事实上，它构成了青藏高原的西端。

帕米尔，横跨中国、塔吉克斯坦、阿富汗等国的庞大高原。阿尔卑斯—喜马拉雅山带和帕米尔—楚科奇山带这两条决定欧亚大陆地表基本架构的巨大山带在帕米尔高原交会，打下一个地球上最庞大的山结，并衍生出五条世界级山脉：天山山脉、昆仑山脉、喀喇昆仑山脉、喜马拉雅山脉和兴都库什山脉。

帕米尔高原和青藏高原一样，是一片苦寒高地，更是一个让人着迷的所在。帕米尔高原，如同一个二元对立的矛盾综合体。一切客观存在似乎都势不两立，最终又总能统一在这方澄澈的天空下。它既贫瘠，又肥沃；既荒芜，又宜居；既严酷，又温暖；既可憎，又迷人。它穷尽你的想象，又在不经意间让你豁然开朗。

由于面积相较青藏高原更小，同样复杂、多样、丰富的地理景观更加集中，也没有藏北高原广袤而严苛的无人区，河谷如茵的草甸上，到处是星星点点冒着炊烟的塔吉克人毡房；一片郁郁葱葱的冲积扇上，杏树掩映着塔吉克人的石头房子，相对集中的烟火气息让帕米尔成为一个比青藏高原更加浪漫的高原。

帕米尔仿佛是被高山大川劈开的世界：山峰是两种颜色，皑皑白雪覆盖的峰顶和裸露着的灰褐色山体，山麓则是一片片布满砾石的坎坷坡面。季节几乎只有两个，长达七八个月的寒冷冬季和给帕米尔带来生机与色彩的夏季，春、秋季则倏忽而逝。平均海拔4000米以上的山地高原空气稀薄，年降水量不到100毫米，年蒸发量则可达年降水量的十几倍，幸而有丰富的高山冰川和积雪融水为河流水源提供补给。

面对着四周裸露无遗的大山，穷尽想象也无法相信山里藏着成片成片的高山牧场。一到夏季，塔吉克人就要赶着成群的牛羊转场到高山牧场上。塔吉克人指了指远处的大山说：“你看，山的边缘黑黑的，是树。山上有几百几千亩的草原，几百头羊在上面吃草，还有老鹰和乌鸦飞过。”这是帕米尔的另一面。

位于东帕米尔高原的塔什库尔干大概是整个帕米尔地区相对富饶的地区之一。初夏冰雪消融，深蓝色的河水蜿蜒流淌，两边是上万亩土质如海绵般松软的草滩，雪山之下一望无垠纯粹的绿，荡漾在人的心底。

塔什库尔干河切开西昆仑山脉一路东流，海

拔渐低，气候也更加温暖，造就出宜人的山间河谷。河水冲积、沉淀出一片片适合居住的冲积扇，遍布着郁郁葱葱的树木。有树的地方就有人家，他们在房前屋后种植各种果树和小麦、玉米等作物，对农牧兼营的塔吉克人来说，作物的茎秆，是牛羊们过冬的食粮。

游荡在天高地远、苍茫辽阔的高原，处在被连绵高耸的雪山围裹的广阔谷地中，很容易就产生一种时间停滞的错觉。

尽管有越来越多的旅人来到这里寻找内心的平静，但显然赶不上游人如织的西藏，因为帕米尔高原与内地城市的实际距离和心理距离都要比西藏更远。然而相对于外部，这种距离和交通带来的影响，却又来了个反转。

青藏高原的屏障作用毋庸置疑，巨大的体量和高耸入云的一座座险峻雪山，矗立起了一道无法逾越的天堑。帕米尔高原崇山峻岭间有可供艰难通行的山口，因此成为自古以来东西方文明交融的十字路口。伟大的丝绸之路上，帕米尔高原是一个永恒的坐标。

帕米尔高原在历史上又被称作“八帕”，意即“八个帕米尔”，而“帕米尔”在塔吉克语中是“屋脊”的意思。要在帕米尔穿行，从一个帕米尔到达另一个帕米尔，必须沿着山脊或河谷行走，漫长冬季的大雪封山和短暂夏季的河水泛滥，都让通行变得极其困难，当地有谚语：“在帕米尔，没有路。”

而1874年，托马斯·爱德华·戈登在考察后，改变了帕米尔是“天然屏障”的看法。他的当地向导告诉他：“全帕米尔到处都有路，有1000条路，只要有向导，你哪里都可以去。”20世纪初，楼兰古国的遗址被发现，公元2、3世纪从犍陀罗地区迁徙至楼兰的移民的历史也随之浮出水面。他们沿着印度河、吉尔吉特河、罕萨河一路北上，在明铁盖山口及其附近，有好几条路可进入中国，美国学者杰森·尼利斯把这些翻山越岭的路称作丝绸之路路网中的“毛细血管路”。帕米尔高原是波斯文明、希腊文明、印度文明、中华文明以及南亚农业文明和中亚游牧文明交流融合所必经的伟大孔道。如自然屏障般的庞大高原，从未隔阻人类和文明的交流、融通。

20世纪70年代末喀喇昆仑公路的贯通，让东西沟通的道路打上了现代化的印记。2017年2月，在历经3年多大修后，喀喇昆仑公路最艰险的路段——奥依塔克镇至布伦口段公路正式通车，这意味着从新疆喀什前往东帕米尔高原的塔什库尔干塔吉克自治县，只要3个多小时的车程，比以往大约缩短了一半时间。此外，从喀什出发直抵巴基斯坦西南港口城市瓜达尔的中巴铁路也被提上议事日程。

道路的通连和距离的缩短，将带来经济的发展与人潮的涌入，就像11年前青藏铁路开通对西藏的影响一样不可逆转。千万年来，帕米尔高原深藏雪山之中，文明进程的更迭只是给这里带来缓慢的改变。因此，时至今日，我们还可以亲身体验到春季肖贡巴哈尔节牦牛叼羊的雷霆万钧之势；盛夏如茵的牧场上，成群的牛羊在冒着袅袅炊烟的毡房旁踱步吃草的闲适；深秋时节一场场塔吉克婚礼上歌舞不休、亲朋团聚的盛大狂欢；以及漫长冬季里，一针一线做着刺绣的塔吉克妇女的娴静。而今，我们无法判断现代化的脚步会带来怎样的改变和冲击，只是希望帕米尔高原以及世居于此的塔吉克人和柯尔克孜人，依然能够保有其生态和独特性，在辽阔的高原上生生不息、无远弗届。

摄影_小强先森

帕米尔之心

从空中看，帕米尔高原如同一个卧在欧亚大陆上的巨大手掌——小拇指是天山山脉，无名指是昆仑山脉，中指是喀喇昆仑山脉，食指是喜马拉雅山脉，大拇指是兴都库什山脉。这五条山脉像捆扎在地球上的五条绳索，为了“系牢”地球，它们收拢于一个点，并以此为中心结实地打了一个结，这个山结中心便是帕米尔高原

# 帕米尔高原，遥远却不孤绝

撰文 李志刚 摄影 李翔 等

## 山的王国，卧在欧亚大陆上的巨大手掌

帕米尔高原位于中国版图最西端。

说它是高原，是因为这里群山汇聚、高峰林立，喜马拉雅山脉、天山山脉、昆仑山脉、喀喇昆仑山脉、兴都库什山脉……这些庞大的山体平均海拔超过4000米；说它是中国版图最西端，是因为帕米尔高原与塔吉克斯坦、阿富汗、巴基斯坦等国接壤，是名副其实的西部边陲。

从空中看，帕米尔高原如同一个卧在欧亚大陆上的巨大手掌——小拇指是天山山脉，无名指是昆仑山脉，中指是喀喇昆仑山脉，食指是喜马拉雅山脉，大拇指是兴都库什山脉。这五条山脉像捆扎在地球上的五条绳索，为了“系牢”地球，它们收拢于一个点，并以此为中心结实地打了一个结，这个山结中心便是帕米尔高原。

在这个巨大的山结上，可以清楚地看到高峰林立的帕米尔。世界第二高峰乔戈里峰（海拔8611米），被誉为昆仑三雄的慕士塔格峰（海拔7509米）、公格尔峰（海拔7649米）、公格尔九别峰（海拔7530米）等世界级高峰集结于此。能够用“山结”和“山汇”两个词来形容的地貌，只有屹立于群山之上的帕米尔高原才能享用，帕米尔以万山之祖的姿态骄傲地呈现于世人面前。

山高水长。在这个巨大的山结上，还可以清楚地看到山脉之间冰雪融水在帕米尔高原形成的诸多河流，它们顺着地势由高向低恣意奔流。山结之间，冰雪融水形成了喷赤河谷、盖孜河谷、叶尔羌河谷、塔什库尔干河谷、瓦罕河谷、帕米尔河谷等密集的高原绿洲河谷群，这些河流时而隔山相望，时而交汇并流，将帕米尔高原切割成一块块宽谷。

作为世界屋脊的一个整体，从地形图上看，帕米尔高原和青藏高原联结起来像一只振翅欲飞的雄鹰，头部是帕米尔高原，胸腹是青藏高原，兴都库什山脉、昆仑山脉、阿尔金山脉、祁连山脉组成背脊和羽翼，喜马拉雅山脉收于胸腹。

在帕米尔高原，因为碧空辽阔，总让人联想到凌空翱翔的雄鹰。如果说海拔3000多米的塔什库尔干塔吉克自治县是雄鹰观望帕米尔高原的台地，那么海拔1000米的喀什平原便

是雄鹰起飞热身的踏板。从作为踏板的喀什腾升到台地帕米尔高原，连接两处的是一条穿越西昆仑山脉公格尔山系的盖孜峡谷。公路全是顺着盖孜河谷的山势而建，急剧变化的海拔落差使盖孜河水流速极快，沿途可以看到河床上到处都是河水从上游搬运而来的巨石。我想起2005年10月初第一次去帕米尔高原，尽管是二十余辆越野车组成的车队，在穿越盖孜河谷时，司机们却极为小心，缓步慢爬。司机说，几天前这条路上四名乘客连人带车坠入河中……11年过去了，尽管这条路已经被拓宽，显得更为平整，但峡谷内汹涌的河水并没有平缓下来。当越野车沿着盘山公路转至一个山口，仅仅一个转弯的距离，刚才还是一片深秋红层地貌风景的峡谷，便变幻成茫茫冬景。巍巍慕士塔格峰下，喀拉库勒湖像一块巨大的墨蓝色浮冰躺在冰峰下，几艘小船冻结在积雪覆盖的河岸。夕阳的余晖里，倒影中的慕士塔格峰一点点被吸没在寒冷的冰湖中。

今天中国版图上的帕米尔高原与历史上的帕米尔高原有着不同的定义。“西北海之外，大荒之隅，有山而不合，名曰不周负子……”最早对帕米尔高原有地理记录的是中国先秦古籍《山海经·大荒西经》，这部书中称之为“不周山”。到了汉代，因高原山地野葱密布而被称为“葱岭”；在张骞“凿空西域”后，这里是被后世称为“丝绸之路”的伟大商道的中转站。唐代高僧玄奘在《大唐西域记》里记之为“波谜罗川”。真正使用“帕米尔”这一称谓，是在清代。清朝全盛时期，帕米尔高原全境属于中国管辖，清政府将其地分为“八帕”，由北向南依次为：和什库珠克帕米尔、萨雷兹帕米尔、郎库里帕米尔、阿尔楚尔帕米尔、大帕米尔、小帕米尔、塔格敦巴什帕米尔和瓦罕帕米尔。现在，除了郎库里帕米尔的一部分和塔格敦巴什帕米尔仍属中国，其余地界分布在周边的塔吉克斯坦、阿富汗、吉尔吉斯斯坦等国。今天的帕米尔高原以萨雷阔勒岭为界，以西为西帕米尔高原，以东为东帕米尔高原，东帕米尔高原的绝大部分在我国境内，面积约为9万平方千米，生活着20余万人。

打开中国地图，会发现一个非常有趣的地理称谓呼应。与平均海拔4000米以上的西部边陲“八帕”相对应，在万里之遥的东南沿海是平均海拔不足百米的“八闽”。尽管一个地处西部高原，一个位于东南沿海，但它们都曾经是中国乃至世界重要的贸易通道。如果说八帕之地是搭建在帕米尔高原上指路的贸易灯塔，那么八闽大地就是海上飘舞的经贸纽带。

地处东南的八闽沿海是今天福建的别称。尽管历经七闽、八闽、九闽、十闽之变，但这块土地从未从中国地图上被分割出去。如今，随着中国海防海疆意识的增强，八闽大地在南海中的地位显得更为重要。

巧合的是，历史上八帕曾经是陆上丝绸之路中国通往中亚的重要通道，八闽是海上丝绸之路中国通往世界的重要通道。今天的“一带一路”倡议又将八帕与八闽两地更为紧密地联结起来。

## 四季飞雪中的杏花江南

荒漠、雪山、冰川……这是外界对帕米尔高原的第一印象标签，寒冷、孤独、遥远，似乎是它不变的底色。

酷暑的8月，帕米尔很多地方的常态却是冰天雪地。2016年8月19日，我从塔什库尔干县城出发到马尔洋乡，在翻越4500米的唐勒达坂时遇到了暴风雪。两天后返回，再次遭遇暴风

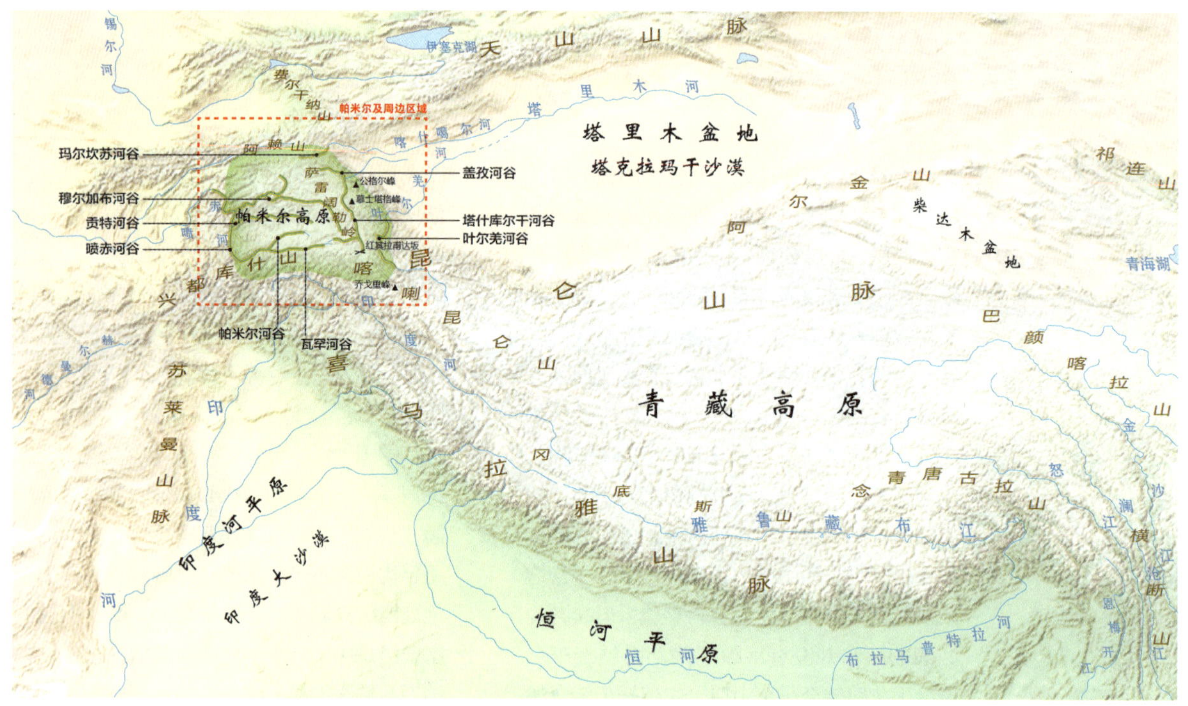


帕米尔高原地处中国、塔吉克斯坦、吉尔吉斯斯坦、阿富汗等国的交界地带，雪峰林立，其中的最高峰为海拔8611米的乔戈里峰

雪。“严寒的强烈大陆性高山气候，特别是东帕米尔的大陆性更为显著。”《塔什库尔干塔吉克自治县志》这样定义帕米尔高原的气候。

帕米尔高原北缘是两座平行的高山——阿赖山脉和外阿赖山脉，由西向东倾斜。阿赖山在5301米的伊格拉峰附近又分成平行的三支山脉——突厥斯坦山、泽拉夫尚山和吉萨尔山，继续向西倾斜而最终消失在撒马尔罕绿洲附近的荒漠。由阿赖山向东北方向延伸出的是巍峨的天山山脉，帕米尔的东南是兴都库什山脉。这种地形造成了帕米尔高原中央部分平均海拔较高，约5000米。这种地势又造成了帕米尔东部和西部存在着明显的差异，东帕米尔高原阻挡了来自印度洋的温暖湿润气流，使得西帕米尔高原年降水量只有几十毫米。

正是因为帕米尔高原严寒至极，农作物仅限于种植青稞、小麦，树木难觅踪迹。即便是地处塔什库尔干河谷小生态环境的塔什库尔干县城，除了在石头城遗址和县气象局可以看到几株杨树，这座县城的绿化树几乎全是柳树，因为只有这种耐旱、抗寒、守贫的树种才可以在此生存。这样的极寒条件下，只有坚强、勇敢、忠诚的民族才能在这里生活，比如塔吉克人和柯尔克孜人。

塔吉克族的族源可上溯到公元前若干世纪东迁的印欧语系原始印度-伊朗部族，经过漫长的迁徙和繁衍历程，他们成为我国塔吉克族的先民。柯尔克孜族的先民两千多年前就居住在叶尼塞河上游流域，后来逐渐向西南迁至天山地区，并与当地的突厥、蒙古部落相融合。柯尔克孜族属于蒙古人种北亚类型和高加索人种的混合类型，他们的语言属于阿尔泰语系突厥语族。

在唐勒达坂，因为暴雪阻挡，我们将车停在盘山道的路边等待雪停，旁边恰巧安扎着一户塔吉克族牧民的毡房。透过车窗我看到，风雪对这户塔吉克人家根本没有影响，女人拿着奶桶安静地在雪中挤羊奶，羊儿也悠闲地顶着雪在湿漉漉的荒坡上觅食。高原上的塔吉克人早已经习惯了这样的恶劣天气，两颊上的红晕已经作为“高原红”基因，在这个民族一代代复制。

在阿克陶县木吉乡，柯尔克孜族人的家园，除了几株移植在绿化带没有枝叶的苹果树干条外，再也见不到任何一棵树。奇怪的是，这里的湿地却很霸道。乡政府这片居民点几乎是不毛之地，但乡政府东侧200米处便是一块很大的湿地，翠绿的草毯尽管看上去很薄，却以极其认真的态度往天边铺展蔓延。木吉火山群亦被一片开阔的湿地包围。这里因为处于木吉河边，湿地扩张的姿态更加没有拘束，就像生长于这块土地的柯尔克孜人，再艰险的土地，因为安置了家园，无论如何都要奋力生长。

冰峰林立、雪山连片的帕米尔高原亦造就了不少河谷，“万山之祖”的另一面是“万水之源”，这些冰川融水在帕米尔高原的山与山之间穿行，在峰与峰之间奔流，形成了高原上一处处美丽的田园风光。盖孜河谷、塔什库尔干河谷、叶尔羌河谷、木吉河谷，布伦口草甸、塔合曼草甸、阿拉尔金草滩，喀拉库勒湖、白沙湖、布伦库勒湖……这些与高原似乎没有关系的地理单元却分布在东帕米尔高原的不同区域，帕米尔高原更像一个宽谷。因为宽谷的存在，帕米尔高原又呈现出温暖、热烈和希望的色彩。

宽谷是指横剖面宽阔的河谷。当河流流经平原地区，流水的沉积作用得以显现，形成宽谷和冲积平原。其实，“帕米尔”在字面上本就含有宽谷的意思。塔吉克语的“帕”，指高寒而平坦的地方，是对河川两旁与湖泊周围平原的称呼，“米尔”是高山之意。在塔吉克、柯尔克孜、哈萨克族人心目中，大山和草原都是神圣的自然生灵，给予了人和动物生存的空间和条件。因为朝夕相处，他们发现每一段山体的特征都有所不同，就给山、河、峡谷起了不同的名字。看似冷峻的山谷，也被赋予了某种温暖的情感。

在高原少数民族对山的理解和定义中，山不是一个孤立的个体，而是像手掌与手指之间的关系。“米尔”再高都是山结的一部分，山和山之间的紧密连接、连绵不绝，才会成为世界屋脊“帕米尔”。因此，可以将“帕米尔”理解为以高山与河谷彼此连接，既宽大又高耸的平台，这种解释与现代地理概念解读帕米尔为“山结”是一致的。

理解了帕米尔的含义，就不难理解帕米尔的诸多地貌了。在盖孜河谷、塔什库尔干河谷、叶尔羌河谷等地，都可以看到宽达数千米的河谷，河流两岸蔓延着一望无际的宽阔草甸、湿地、荒滩。其中，塔什库尔干县城所在的塔什库尔干河谷较为宽阔，地势相对较低（海拔3000多米），草场连片、牧场坦阔，适合农牧业发展，亦适宜人居。正是因为自然条件较好、地理位置便于交通，塔什库尔干才会成为古丝绸之路的主要驿站。

有赖于宽谷地貌的存在，帕米尔高原还显示出了它杏花江南的一面。无论是塔什库尔干河谷还是叶尔羌河谷，从马尔洋乡到大同乡，从库科西鲁克乡到塔尔塔吉克族乡，只要在海拔2000多米的地方，都能见到杏树的影子。

在帕米尔的河谷地带，春分日的肖贡巴哈尔节（塔吉克族传统的迎春节日）一过，杏树枝头的花蕾便陆续绽放。坚硬的石头堆积出帕米尔高原的气质，而在河谷里随遇而安的杏树则丰富了帕米尔的色彩。

塔什库尔干县马尔洋乡东面的努西墩（塔吉克语“杏花”之意）村，据说是中国海拔最

只有屹立于群山之上的帕米尔高原，才拥有能够用“山结”和“山汇”两个词来形容的地貌。群山汇聚、雪峰林立的帕米尔，以万山之祖的姿态骄傲地呈现于世人面前　　摄影_小强先森

高的杏花村。翻越海拔4000多米的唐勒达坂和马尔洋达坂，沿着马尔洋河谷继续向东前往努西墩村时，眼前突然跳出了一片由杏树主导的河谷小平原景致，几乎颠覆了我对帕米尔这个以高原定义的地域的印象。原来帕米尔不仅仅是冰冷垂直的海拔表，还是一朵朵温暖的果花连成的等高线。

尽管大山依然是努西墩村的主题，但因为海拔一路下降，在两山夹缝中形成了努西墩村的特殊小气候。沿途黑枸杞、沙棘、树莓等山野的精灵随着海拔的升降而变换，山梁像植物万花筒，缤纷的植物不断显现。平原常见的桃、杏、葡萄、核桃等果树，在努西墩村都能看到。而生命力最旺盛的莫过于杏树，河床里，山路边，石屋前，田埂上，到处都是杏树的影子。时值8月，海拔2700多米处的杏子进入成熟期，金黄的杏子随秋风跳动在马尔洋河两岸，阳光一晃便跳出灿烂而甜蜜的光团。

在帕米尔高原，还有很多类似努西墩村的杏花谷，比如叶尔羌河畔的库科西鲁克乡、大同乡等地，都有这样的河谷小生态系统，它们尽可能地将多彩的江南春色包裹在每一条帕米尔高原流淌奔腾的河谷里。

## 失去的家园

地图上，昆仑山脉在克孜勒苏柯尔克孜自治州乌恰县境内的伊尔克什坦口岸这个点上与天山山脉对接，而对接的这条山脉便是南北走向的萨雷阔勒岭。萨雷阔勒岭在柯尔克孜语里意为“黄色的石头”，在地图上看，它仿佛一道耸立的屏障，将帕米尔高原划分为东西两部分，同时也是喷赤河－阿姆河流域和塔里木河流域的主要分水岭。

对于一百多年前的入侵者来说，再没有什么资源比分水岭更具诱惑了。19世纪末，随着清朝国力衰弱，帕米尔高原的萨雷阔勒岭成为沙俄窥伺的宝地。

1864年签订的《中俄勘分西北界约记》尽管是一个不平等签约，但中俄两国边界约定为“行至葱岭，靠浩罕界为界”，帕米尔仍在中国境内。1881年签订的《中俄伊犁条约》规定，中俄两国在帕米尔的边界线“照两国现管之界勘定”。然而，1884年，沙俄侵入帕米尔纵深100千米后，强迫清政府签订了《中俄续勘喀什噶尔界约》，把中俄两国在帕米尔地区分界线的起点，从帕米尔北部的阿赖岭移到了东北部的乌孜别里山口，并规定从乌孜别里山口往南，“俄国界线转向西南，中国界线一直往南”，中间形成一块顶角为45度的三角形“待议区”。这样，沙俄就侵占了我国帕米尔西北部大片领土，并把我国“现管之界”以内的一部分领土变成“待议区”，使其归属并不明朗。

1891年，沙俄出兵帕米尔，不再承认“俄国界线转向西南”的规定，侵入“待议区”。1892年，沙俄进一步扩大侵略，破坏“中国界线一直往南”的规定，武装侵占了乌孜别里“一直往南”一线以东直至萨雷阔勒岭的中国帕米尔地区。至此，沙俄已侵占萨雷阔勒岭以西两万多平方千米的中国领土。

沙俄在侵略中国帕米尔地区的同时，又伙同英国对帕米尔地区进行了两次私自瓜分：1872—1873年，俄、英合谋秘密瓜分了帕米尔地区西南部；1895年3月又达成协议，瓜分了帕米尔地区东南部。除了郎库里帕米尔的一部分和塔格敦巴什帕米尔仍属中国，其余帕米尔的绝大部分都被俄、英强占。

20世纪90年代初，苏联解体，原加盟共和国之一的塔吉克斯坦宣布独立。作为苏联时代国土利益的继承者，独立后的塔吉克斯坦开始与中国谈判边界问题。1999年和2002年，中塔签订《中华人民共和国和塔吉克斯坦共和国关于中塔国界的协定》及《中华人民共和国和塔吉克斯坦共和国关于中塔国界的补充协定》，两国重点对乌孜别里山口争议区进行重新谈判勘界。2011年，中塔两国根据2010年4月27日签订的《中华人民共和国政府和塔吉克斯坦共和国政府关于中塔国界线的勘界议定书》，举行新划定国界交接仪式，塔方实际控制下的1158平方千米土地划归中方。

关于乌孜别里山口，除了沙俄侵略中国的不平等条约多有涉及外，清代两起著名平叛事件亦与此山口有关。

1826年（道光六年）6月起，张格尔（乾隆年间维吾尔族统治者大和卓波罗尼都之孙）叛军占据喀什噶尔英吉沙尔（今英吉沙）、叶尔羌（今莎车）、和阗（今和田）等城。8月，道光帝授伊犁将军长龄为扬威将军，署陕甘总督杨遇春、山东巡抚武隆阿为参赞大臣，率陕西、甘肃、吉林、黑龙江、四川五省清军会攻叛军。10月，陕西清军先至阿克苏，而后向南攻击，势如破竹。1827年3月，张格尔率少数残部由木吉经乌孜别里山口逃到布鲁特达尔瓦斯山（今塔吉克斯坦境内）地区。至此，被张格尔叛军占据的南疆四城全部为清军所收复。

1877年，入侵新疆的阿古柏战败，清军收复噶什喀尔。左宗棠部大将刘锦棠在帕米尔的边界上加强了防务，1879年，他下令在乌孜别里山口屯兵戍守。

## 活火山群，高原上的奇迹

“乌孜别里”在柯尔克孜语里是“马鞍”之意，这个地名形象地说明了其地理特征。很多人认为中国最西端是乌恰县的吉根乡斯姆哈纳村，事实上，我国当前国界最西端是克孜勒苏柯尔克孜自治州阿克陶县木吉乡的乌孜别里山口，即中塔两国的边境线。木吉乡一共有42个边境山口，有“新疆边境第一乡”之称，其中最著名的便是乌孜别里山口。

沿白沙湖的北岸顺着木吉河抵达木吉乡后，萨雷阔勒岭乌孜别里山口还在80千米之外。在琼让村边防检查点，70岁的柯尔克孜族老人坎吉别克执意要带我们去乌孜别里山口。海拔高度从3500米迅速攀升至4500米时，已经没有了简易公路，但坎吉别克毫无不辨方向的迹象，向西头也不回地带路前行。行至海拔4800多米时，一块刻有塔吉克斯坦国徽的界碑矗立在眼前，此处便是乌孜别里山口。不同于东帕米尔高原上中国与其他国家边界线浓重的军事色彩，乌孜别里山口没有哨所和军人，只有高高的山梁和深深的山谷。坎吉别克老人和其他柯尔克孜族牧民一样，世代在这里守护着边境。他熟悉乌孜别里山口的每一寸土地，在他的眼里，界碑只是一块特殊的石头，包括乌孜别里山口在内的整个郎库里帕米尔一直都是柯尔克孜人的家园。

柯尔克孜族小伙子沙伊提就读于新疆师范大学历史系，他的家在木吉乡。一座传统的柯尔克孜族民居里，客厅内的廊柱用整根松木雕饰而成，墙壁上挂着柯尔克孜族传统乐器库姆孜。沙伊提用库姆孜深情地弹唱了《玛纳斯》，他说，他的名字就是来源于柯尔克孜族著名英雄史诗《玛纳斯》，是主人公玛纳斯的第四个儿子。作为帕米尔高原的孩子，沙伊提的理想是大学毕业后回到家乡当一名乡村教师，在帕米尔高原传承柯尔克孜族的民族文化。

荒漠、雪山、冰川……这是外界对帕米尔高原的第一印象，而实际上，冰峰林立、雪山连片的帕米尔高原亦造就了不少河谷。“万山之祖”的另一面是“万水之源”。这些冰川融水在帕米尔高原的山与山之间穿行，在峰与峰之间奔流，形成了高原上一处处美丽的田园风光

沙伊提带我们去了木吉火山。木吉在柯尔克孜语里是“火山喷出的泥沙石”之意，著名的喀日铁米尔火山群距离木吉乡政府仅3000米。地名的来历表明帕米尔山结在这里一直没有停止过“打结”的过程，频繁发生的地震和火山口不停吐出的散发着浓浓硫黄味的水泡，表明这里仍然处于地质板块活跃期。

有朋友将木吉的火山形容为“大地的一块冻疮”，我倒觉得木吉火山更像是帕米尔高原的“青春痘”，是想外逃的激情。冻疮是风雪包裹的一团痒痛，青春痘则是热血奔涌过快提前释放的激情。木吉火山的存在，证明帕米尔高原的内心依然跳跃着青春的热血。

木吉火山群分布在木吉河两岸，因为木吉河的存在，湿地在火山脚下向天边铺漫，将绿色的草浪尽可能推向远处的雪山尽头。

有关统计显示，世界上现有火山2500多座，其中约2000座已经死亡，即人类有史以来它们从来没有喷发过；大约有500座火山依然还“活”着，但大部分处于“休眠”状态。

在帕米尔高原能够看到火山无疑是一个奇迹，能够看到活火山群更是一个奇迹。但是这个火山群由于位居祖国边陲最西端而鲜有人知，远不及东北的五大连池火山群、海南琼北火山群、海南石山口火山群等有影响力。木吉火山并不缺乏丰富性、独特性与可观赏性，但是因为知名度太小，没有更多的人去发现它、研究它、推介它。试想一下，一座在海拔4000米的高原河谷湿地上的火山群，谁与争锋？

## 帕米尔的底色，遥远却不孤绝

“万山之祖”帕米尔仿佛一座巨大的天堑和屏障，然而众山的山脊之间以及纵横流淌的河流，自古以来就是跨越帕米尔的隐秘路网。纵然艰险遥远，但帕米尔高原并不孤绝，它见证了各种文明的迎来送往。

在塔什库尔干河与叶尔羌河交汇的“两河口”，我们遇到了从喀什去往大同乡收杏干的维吾尔族小伙子玉素甫江。在他眼里，大同乡的杏干是全喀什地区最好的。大山深处河谷平原的小气候孕育了杏子与众不同的甜美滋味，这也是玉素甫江愿意在艰险的喀群古道上驱车八九个小时去大同收杏干的原因。

喀什与塔什库尔干县之间，常用的通达路线，除了沿盖孜峡谷一路攀升，另一条就是玉素甫江所走的路线——从莎车沿叶尔羌河和塔什库尔干河通往塔什库尔干县。这条路因途经莎车县的喀群乡，当地人称之为喀群古道。近几年，学者冯其庸先生也将其称为塔莎古道。

喀群古道全长280千米，从塔什库尔干县出发，经提孜那甫乡溯塔什库尔干河而下；经下坂地水库、库科西鲁格乡、塔尔塔吉克族乡，在一座标有“幸福六号桥”的铁索桥下，塔什库尔干河汇入叶尔羌河（此处也被称为“两河口”）；再沿叶尔羌河东行，经过阿克陶县库斯拉甫乡后，叶尔羌河谷愈来愈宽，就像长跑队员为最后的冲刺做准备，它在为进入平坦的塔里木盆地舒展筋骨；穿过阿尔塔什隧道，经过霍什拉甫乡后，前方的平原地带就是喀群古道的终点——喀群乡。喀群古道一路跨喀什地区和克孜勒苏柯尔克孜自治州两个地州，塔什库尔干、阿克陶、莎车三个县，近十个乡。

喀群古道沿途，壁立于河道的山体岩石表面在风蚀和水蚀的混合作用下，呈现出一种奇

正是因为宽谷地貌的存在，帕米尔高原还显示出了它杏花江南的一面。无论是塔什库尔干河谷，还是叶尔羌河谷，只要在海拔2000多米的地方，都能见到杏树的影子。春分一过，杏树枝头的花蕾便陆续绽放。这些河谷小生态系统，尽可能地将多彩的江南春色包裹在每一条帕米尔高原的河谷里　　摄影_高嵩

乌孜别里山口砾石遍布的山梁上盛开着一丛野花。“乌孜别里”在柯尔克孜语里是“马鞍”之意，地处作为东西帕米尔高原天然分界线和分水岭的萨雷阔勒岭的山脊线上　　摄影_李志刚

当海拔攀升至4800多米时，一块刻有塔吉克斯坦国徽的界碑矗立在眼前，此处便是乌孜别里山口，中塔两国的边境线　　摄影_李志刚

特的流泥状岩貌，伴随这种特殊岩貌的沙石路仅容一车通行，颠簸不已。即便是这样的路况，一路却可见河岸另一边的塔吉克民居和连接两岸的铁索桥。这一切都说明，沿河两岸一直是帕米尔地区的人口聚居区和理想生活地。

与通往帕米尔高原的乌帕尔古道、英吉沙古道等不同，东西走向的喀群古道几乎是一条直线。当远行之人穿越塔克拉玛干沙漠来到塔里木盆地边缘西侧，喀群古道是进入帕米尔高原最为便捷的选择。据《汉书·西域传》记载，“从鄯善傍南山北，波河西行至莎车，为南道。南道西逾葱岭则出大月氏、安息……”可见，莎车就是丝绸之路南道在翻越帕米尔高原之前的最后一站。而喀群古道沿途平均海拔为2000多米，是从莎车通往塔什库尔干唯一绕开帕米尔高海拔雪峰、冰川、达坂的道路。所以，从选择的最宜通达性考虑，这条路是丝绸之路南道商队穿过塔克拉玛干沙漠后翻越葱岭的捷径。

穿行喀群古道的第一天，我们在沿途的阿克陶县塔尔塔吉克族乡巴格艾格孜村借宿。“塔尔”在塔吉克语和维吾尔语里都是“窄”的意思，“巴格”为“花园”的意思。这里家家户户都种有杏树、桃树、核桃树，如同一个种满果树的花园。塔尔乡的民居和服饰与塔什库尔干县区域的塔吉克人家已经有很大的区别，更具有维吾尔族风格。我们借宿的塔吉克族人家，主人叫再依瓦尔·曼力克，是村里小学的老师。再依瓦尔与家人交流时说的塔吉克语与我们在塔什库尔干听到的差别很大。再依瓦尔解释，塔吉克族的语言分为色勒库尔塔吉克语和瓦罕塔吉克语，塔尔乡接近塔里木盆地，说的是瓦罕塔吉克语，借用维吾尔语、柯尔克孜语、汉语词汇要多一些。晚上聊天时，再依瓦尔拿出了“弹布尔”（一种典型的维吾尔族乐器）弹唱。当被问及是否会弹奏塔吉克族器乐时，他尴尬地将空空的双手摊开，仿佛想努力抓住一种东西，又无奈地将其放开。

巴格艾格孜村有一座百年老水磨，和帕米尔高原核心的塔什库尔干塔吉克族传统建筑一样，这座建在塔什库尔干河边的水磨是一座漂亮的石头房，圆形的磨坊像一座坚不可摧的碉堡。

尽管简易公路已经将这里与山外连通，有更精细的面粉可供选择，但再依瓦尔的父亲和舅舅仍习惯把春麦一捧捧喂进麦斗，看着水流推转的石头磨盘，在岁月的河里吱吱呀呀地将麦子一粒粒碾碎，变成面粉。

巴格艾格孜村让我想起了2005年第一次到塔什库尔干的情形。我在县城里转悠，想找一个网吧传稿件，问路于一名警察。警察用手指向前一弹，“就在那”，网吧仿佛一截烟头的位置。看着我不信任的眼神，警察补充说：“这个县城很小，主街道就一个馕的距离，如果力气使大了还会弹回来。”新疆式的幽默有点夸张，但那时的塔什库尔干县城真的不大，路痴如我竟没有迷路。

这一次，我如同回家一样找到了县城中心雄鹰雕塑对面的川菜馆，11年前，我曾经在这里吃过抵达塔什库尔干县后的第一顿饭。我问老板，这几年县城最大的变化是什么？“人多了，房子多了。”老板说。与中国大多数地方时刻都在发生巨大的变化相比，这里的变化速度相对慢些。一年又一年，川菜馆老板不知接待过多少名外地游客：“不只是我，很多外地游客也说，一到了这里就安静下来了，很奇怪，不知道为什么。”

文化广场、音乐喷泉、电子大屏、温泉酒

当河流流经山峰中的平坦地区，流水的沉积作用得以显现，形成宽谷和冲积平原。河流在平坦开阔的宽谷中曲折流淌，孕育出宽阔丰美的草甸，是高原塔吉克人和柯尔克孜人的家园。因为宽谷的存在，帕米尔高原呈现出温暖、热烈和希望的色彩　　摄影_高嵩

店……事实上，中国现代都市城镇化建设的所有符号，在今天的塔什库尔干几乎都有标记。11年后再上帕米尔高原，这是我看到的最显著变化。然而，当离开县城前往任何一个方向的乡村，无论提孜那甫、塔合曼、科克亚尔，还是达布达尔、班迪尔、马尔洋，熟悉的场景和淳朴的塔吉克人，依然停留在我11年前的印象里，仿佛时间在这里是静止的，从未发生过变化。

帕米尔高原的村落里，每个人的眼里都泛着知足、坦然、安静的光芒。塔什库尔干如同一座塔寺，既是高原上的地理坐标，千百年来指引着一批批探险者、学者、旅游者朝觐般地前往，又是世界屋脊上的一处精神家园，塔吉克人、柯尔克孜人，他们像石头一样安然地被历史长河静默地冲刷着。作为帕米尔高原的主人，他们在这块高地生活了千年，高高的鼻翼已经习惯了缺氧的空气，深深的眼窝已经熟悉了迷离而灿烂的阳光。在这座巨大的山结上，帕米尔高原上浅灰色的石块和淡蓝色的冰川尽收眼底，那是他们眼珠的本色，亦是帕米尔的底色。还有什么比每天生活在世界之巅更具诱惑呢？

尽管生活在帕米尔高原上的民族大多信仰伊斯兰教，但在帕米尔高原行走的日子里，我只在路边见到了两座小清真寺，由于隐没于民居中，如果不是刻意寻找很难发现。这和在新疆其他地方随处可见规模宏大的清真寺建筑群截然不同。在塔吉克人、柯尔克孜人眼里，信仰是一座看不见的山，你无法用一个标尺精准地量刻计算出其清晰的高度和体积，它已经和生活方式融为一体。

鹰笛，专属于帕米尔高原的主人——塔吉克族和柯尔克孜族的乐器，由雄鹰的翅骨制作而成，塔吉克语称之为“那依淖尔”，柯尔克孜语称之为“奥尔”。尽管鹰笛只有三个孔，却可以演奏无限的曲谱，特别是那道如同闪电、能够穿透云霄的高音。这种具有高原奇异风骨的音色是其他乐器无法企及的，它的音域只能在深深的眼窝里产生回音，回荡在淡蓝色的冰川群中。

在塔什库尔干县的中国塔吉克博物馆，看着展柜里那根光洁如玉的鹰笛，我好奇地问塔吉克族讲解员，万一有一天鹰笛消失了怎么办？她非常坚定地告诉我：“怎么可能？只要有帕米尔，就有雄鹰和塔吉克人；只要有雄鹰和塔吉克人，就会有鹰笛。”如同鹰笛伴鹰舞，作为一种地域文化符号，它已经成为生活于这片土地上的民族的一种基因，在帕米尔高原代代相传。

从帕米尔高原走向喀什，看见愈来愈多的人流与车流，仿佛自己刚从一座隐藏于大山深处的博物馆走出。这座“博物馆”因为建筑于平均海拔4000米以上相对封闭的地域，山高水远、难以抵达，所以在某种程度上保持了文化上的独立、个性和自尊。作为“帕米尔高原博物馆”的主人，他们在这块土地上精心而自信地守护着先民在帕米尔高原留下的语言、习俗、音乐，尊严、荣誉、自信……

离开帕米尔的几个月里，我在朋友圈里看到了两则关于帕米尔高原的消息。一则是塔吉克族文史学者马达力汗·包伦去世，一则是中央民族歌舞团塔吉克族歌唱家阿洪尼克专场音乐会在北京举办。作为老一代文史学者，马达力汗·包伦在家乡塔什库尔干一直致力于地方史志研究，努力挖掘、研究帕米尔高原文化；作为年轻的歌唱家，阿洪尼克在北京努力参与和主导以塔吉克族音乐为代表的塔吉克文化的传播。我想，这两代人应该代表了今天的帕米尔底色，逝去和新生，梦想与坚持，遥远却不孤绝。

# 生死乔戈里，绝境中的奇迹

撰文、摄影 张京川

多年前，一位登山者曾对我说：『爱上登山是因为爱上了登山的过程，并不仅仅是爱上顶峰。但顶峰却是任何一个登山者都不能拒绝的，因为那里有美景和幻觉，有梦想和眼泪，有人生难求的体验与收获，有一辈子渴望的实现与证明。』因为这句话，每次登山时，我都会长时间地凝视峰巅，想象着每一座山的极点处那片对我而言永远看不见的风景。我想人在追求某个目标时的状态是最有魅力的，而山巅的魅力就在于它永远是一个能唤醒人的魅力的目标。世界第二高峰——乔戈里峰，就是这样一个目标。

海拔8611米的乔戈里峰是世界第二高峰，仅次于珠穆朗玛峰，但它却以最危险且攀登难度最大而闻名。它屹立于喀喇昆仑山脉群峰之中，是帕米尔高原冷峻而骄傲的王者

## 乔戈里峰，攀登的终极追求

乔戈里峰，在塔吉克语中是“高大雄伟”的意思，其国际常用名为“K2”。在全世界14座8000米以上的独立山峰中，海拔8611米的乔戈里峰位列世界第二，仅次于珠穆朗玛峰，但它却以最危险且攀登难度最大而闻名。它屹立于喀喇昆仑山脉群峰之中，是帕米尔高原冷峻而骄傲的王者，只有最勇敢的登山者，才有机会一睹它的尊容。在登山界，K2代表了攀登的终极追求。

金字塔形的K2冰崖壁立、山势险峻，除了地势险恶，气候也恶劣无常。从中国一侧攀登K2北坡，必须穿越天堑般的克勒青河谷，仅仅到达K2脚下就实属不易。

1902年，英国登山队首次攀登K2，结果以失败而告终。其后的50多年里，勇敢的登山家和探险家进行过多次攀登尝试，都未成功。直到1954年7月31日，意大利登山队的两名队员从巴基斯坦一侧沿东南山脊攀登，才开了登顶K2的先河，耗时近100天。而在中国，首次登顶K2的纪录属于西藏登山探险队，他们于2004年7月27日成功登顶。

对登山者而言，K2比天堂更令人向往，却比地狱更严酷。据法新社的历史资料，K2登顶死亡率高达27%。攀登K2，意味着走上一条充满死亡气息的旅程。

尽管我已在2007年登顶珠峰，2011年登顶世界第八高峰马纳斯鲁峰，但对K2，既敬畏又膜拜，那是我的精神圣殿。

登山者在向乔戈里峰顶峰冲刺。对登山者而言，乔戈里峰比天堂更令人向往，却比地狱更严酷。攀登乔戈里峰，意味着走上一条充满死亡气息的旅程

我办公室的墙上挂着K2的照片，电脑里储存着所有关于K2的资料，每天进行基本的体能训练，不间断攀岩，利用节假日学习专业攀冰技巧……

这一切，都是为攀登K2做准备，我知道，有朝一日，日思夜想的K2就会在我的脚下。

## K2的警告：迷路后掉进冰河

2012年3月，好友杨春风邀请我一起攀登K2，我几乎不假思索地答应下来，那一刻完全忘记了对K2的敬畏甚至恐惧，只想抓住这次难得的机会，实现攀登K2的梦想。

和杨春风及其他山友相比，我资历尚浅，尤其是杨春风，作为知名登山家和高山向导，他是国内民间高海拔攀登的领军人物，成功登顶11座8000米以上高峰，并有过两次攀登K2的经历，虽然并未成功登顶。我信任他，就像2007年那次信任他带领我们一起攀登珠峰一样。

2012年6月26日，我和杨春风、饶剑峰，以及来自法国、西班牙等国的其他7名登山者在巴基斯坦会合，组成了一支国际登山队。

7天的徒步之后，终于一睹K2的尊容。能远观K2，也是一件可遇而不可求的事情，之前K2的山巅一直笼罩在浓雾中，徒步到第七天才云开雾散。其实我在应杨春风挑战K2之邀时，就想着不管是否能登顶成功，只要能到K2脚下，一睹它的王者之风便知足了。这样看来，已经达成了我的第一个K2

心愿。

攀登K2，需要进行多次高海拔适应训练。我的第一次高海拔适应训练，攀登到海拔6100米的高度。在下撤时，却遭遇了来自K2的严厉警告。

那天山上飘着大雪，完全覆盖了攀登上山的路。下撤过程中，我迷路了，在茫茫冰塔林中摸索了两个多小时，依然不知路在何方。突然一处冰塔脱落，砸在冰面上，我掉进了刺骨的冰河，几乎失去知觉，完全靠着求生的本能挣扎着爬了上来。

兴许是人在遭遇威胁生存的困境时反而会镇定下来，凭借指南针和对方向的判定，我终于走出了危机四伏的冰塔林，回到大本营，比预计返回的时间晚了3个多小时。K2给我的第一个警告，让我更加警觉，在日后的攀登过程中，不能有丝毫大意。

之后的每天，我们都在进行高海拔适应训练和休整。攀登K2，必须密切关注天气状况，因为K2的气候变化无常，难以把握天气变化周期。原本预计的登顶时间是8月7日，但7月26日，杨春风兴奋地通知我准备出发，他发现7月31日会迎来一个适合登顶的天气周期。当天晚上6点多，我们收拾装备，真正向K2发起挑战。

几天时间，我们从C1营地最后攀爬到C4营地。7月31日凌晨1点，我们分批向海拔8611米的顶峰进发。杨春风最先到达顶峰，我紧跟他之后到达。那一刻，我激动得一把摘下氧气罩，在顶峰对着喀喇昆仑的茫茫群山大喊。多年的梦想终于实现，为它付出的努力终于得到回报，可谓百感交集。

## 那一刻，嗅到死亡的味道

没多久，我们开始下撤。那一刻，我并不知道，我将真正嗅到死亡的味道。

从顶峰往下一直到海拔8100米的路段，沿途都没有路绳，相当于没有任何保护措施。面对近60度的雪坡，我和另外三名队友决定结组下撤，四人系在一根长约15米的辅绳上，大家都觉得心里多少有了些安全感。

然而下撤到8500米时，意外发生了。绳子最末端的队友发生了滑坠，在他前面的队员企图降低他的滑坠速度时也被带倒。我听到喊叫声，意识到情况不妙，一边立即倒地采取标准动作把重心降低，一边用冰镐固定冰面，同时向我上方的队友大声示警。当下方两位队友滑坠加速时，我被一股巨大的力量拖曳着向下滑，无论我怎么挥动冰镐制动都是徒劳。

最后，我看到最上面的队友已经把冰镐深深插入雪中，双脚踩在上面，就像开香槟酒时崩出的橡木塞一样，被我们三人的下坠力量弹到空中，并以更快的速度飞到我前面拉拽着我向下滑，我脑子里一片空白，只有本能地挥动冰镐不断敲击着冰面，企图停下来……

四个人在加速度的作用下，轮番被抛起落下，再以更快的速度向下滑，十多个翻滚后就分不清方向了，队员各自脚上的冰爪还会相互碰撞、蹬踏（后来才发现我身上被踩出6个大窟窿），没人相信我们可以生还。据其他队友描述，也就几秒钟的时间，我们消失在他们的视线中。

滑坠漫长得仿佛电影中的慢镜头，我放弃了任何挣扎，等待着最后那一刻的到来。我们

乔戈里峰大本营附近的“墓地”。两座石塔上，挂满了历年攀登乔戈里峰的遇难者铭牌。向乔戈里峰发起挑战的勇者，都会来到这里缅怀先行者

滑坠到了山的另一面，下坠的力量把一条被雪盖住的冰裂缝打开，我们幸运地被冰裂缝的外沿卡住，终于停了下来。而十几米外，就是万丈深渊。

四个人在滑坠400多米后竟然生还，简直是登山界的奇迹。

幸存的狂喜很快被如何下山的恐惧所取代。我们四人的装备都在滑坠过程中被甩了出去，只剩下我存有唯一一支冰镐。

身下是张着大口仿佛要将人吞噬的深渊，没有任何保护措施，没有装备，没有氧气，冰坡寒气逼人。我们来不及犹豫，唯一的念头是必须一点点挪回到下山的正确路线。挪动的过程，每一步都要先用冰镐扫开盖在冰上的雪，把冰镐钉在冰面上，让脚上冰爪的前齿牢牢插进冰里，整个身体贴在冰面上，10厘米一挪，再把冰镐传递给下一名队友。就这样，从山的另一边横切到原来的路线，我们用了近三个小时。

那是一种忘我的攀爬，忘了寒冷、茫茫白雪给眼睛带来的刺痛，以及滑坠时受的伤。极限下的求生欲望让我们回到了正确的下山路线，精疲力竭地倒在海拔约8000米的营地受尽一夜缺氧的折磨，再挣扎着拼尽全力经过10个小时下撤到大本营。焦急的队友见到我们时，简直不敢相信自己的眼睛——滑坠到山的另一边的四个人竟然在绝境中生还，并且回到了大本营。

作为第309个成功登顶K2的登山者，攀登K2如同一次生死洗礼。极端环境下，个人的能力、意识和行为，都会超出平时所认定的极限，那是无法复制的经历和人生。

# 慕士塔格，可会再相见？

撰文、摄影 范菁 等

摄影_包迪

我站上了海拔7509米的慕士塔格峰顶。7月末的慕士塔格峰之巅，天光明亮而柔和，风不大，阳光甚至有种暖暖的感觉。慕士塔格峰和环绕四周的西昆仑诸山，峰顶都堆积着经年不化的皑皑白雪，轻柔的白云飘浮于山巅，白云之上是浩渺无际的蓝色天空。

登顶了。这是一种什么感觉？发自内心的喜悦、登上巅峰的激动、不断超越身体承受力后突然来袭的疲惫感、前所未有的清静感和辽阔感……五味杂陈，难以描述。登顶后并没有仪式，只是和伙伴拍照留念，就开始下撤。下撤时，我忍不住回头最后仰望慕士塔格峰顶，心里隐约有个声音告诉自己：这可能是我这辈子最后一次看见它了。

## 慕士塔格峰下的彩虹

慕士塔格峰，位于新疆西部边陲阿克陶县与塔什库尔干塔吉克自治县的交界线上，与公格尔峰、公格尔九别峰并称“昆仑三雄”。当地柯尔克孜人和塔吉克人称之为“慕士塔格阿塔”，意为“冰山之父”。慕士塔格峰北面和东面山势险峻，西坡山势相对平缓，整个山体浑圆，如同一个巨大的穹顶。对登山爱好者来说，这是一座绝佳的7000米级高海拔体验雪山。

参加完登山攀冰培训的两年后，我的教练——登山经验丰富的美国人约翰，向我发出了攀登慕士塔格峰的邀请。

虽然是一座相对安全的7000米级山峰，慕士塔格峰还是不容小觑。犹豫之中我与约翰多次沟通，约翰一向以严谨的攀登作风和高超的攀登技术著称，他的鼓励让我对自己多了些信心。我想，这也许是亲近慕士塔格峰最好的机会了。

约翰带领的这支国际登山队共43人，队员来自世界各地，作为高海拔攀登队伍，算是庞大的一支。中国队员有3名，我是其中唯一的女性。

按照计划，大部队顺利从喀什沿中巴公路抵达塔什库尔干县。下午5点多，我从车窗里第一次看到了这次的终极目标——慕士塔格峰。

山顶被灰色的云朵遮挡，山脚下的喀拉库勒湖略显阴沉。没想到晚上8点左右，天色突然放亮，整片灰色云层飘移远去，蔚蓝的天空下慕士塔格峰的全貌清晰可见，湖水倒映着雪山和蓝天白云。晚上9点多，喀拉库勒湖面上方出现了两道色彩斑斓的彩虹，慕士塔格峰给了我们这支队伍一个见面大礼。

我们的营地就设在海拔3600多米的湖边，时刻能仰望白雪皑皑的慕士塔格峰。密密麻麻30多顶黄色的帐篷，在东帕米尔高原最后一丝暮色中沉沉入睡。

## 最美的夜空

经过一天的海拔调整适应后，我们开始向慕士塔格峰进发。此次攀登的路线并非传统路线，而是东山脊路线，这条线比传统路线难度稍高。约翰安排了一辆箱式货车把大部队的所有登山装备运上山坡，然后用柯尔克孜族人的毛驴继续运送至海拔约4300米的大本营，队员们则徒步前往。

一路上土壤干涸，稀稀落落的小草从开裂的地表勉强冒出瘦弱的叶芽，茫茫山地间散落着我们这支前行的队伍。到达大本营并不算困难，队员们也都沉浸在新鲜和兴奋感中。

第二天，大伙跟着约翰在大本营进行装备预检和结组攀登演练。结组是在通过地形复杂、危险的地段时，根据队员的综合能力和水平，按照以强助弱、安全登山的原则进行分组。同一根绳索上的队员，性命和安全休戚与共。

第三天的任务是从大本营上升至海拔约5500米的C1营地，再返回大本营，目的是进行海拔适应。途经海拔4500米左右的地方，可以看到冰塔林、冰洞、冰柱等绝美独特的景观。

到第六天，海拔适应登山训练仍在持续，当天的任务是攀登至海拔约6300米的C2营地，再下撤回大本营。

在营地整理、检查登山装备

喀拉库勒湖边的营地，队员们在帐篷外欣赏慕士塔格峰下难得一见的双彩虹

登山队员们停下稍事休息，对讲机、冰镐、手杖等登雪山常用的器材及工具在雪地上一字排开　　摄影_宋玉江

43名队员中，最终登顶慕士塔格峰的仅8人，2名女性，范菁是其中之一。她说，除天气、队友、计划合理等诸多外部因素外，更重要的是要有毅力、忍耐力和坚持不懈的心

这是我第一次从C1到C2，走得很艰难。平时练习冰爪的机会不多，刚开始攀登时很不适应，为了防止在冰面滑倒，有一段需要踢爪前行。到达C2营地时，我已经精疲力竭。休息了一会儿，和最后一批队员结组下撤，其中包括克里斯蒂娜。下撤十来分钟后，走在队伍前面的克里斯蒂娜因为我走得慢而变得不耐烦，最后只能把队伍分成两小组，我与一名高山协作一组，克里斯蒂娜和其他两名队员跟着另外一个协作扬长而去。在高山上，被遗留下的感觉非常糟糕。

到达建在一段狭窄碎石坡上的C1营地，我和协作商量，决定在营地留宿。挖了些干净的雪回来化开烧水煮方便面，填饱肚子后出帐篷，看着空荡狰狞的旷野，夜色很快吞没了整个山谷，在这海拔5000多米的大山上，感觉如同独自站在外太空。

夜晚风声大作，沙砾发出簌簌的声响。我从帐篷探头往外张望，看到了平日难得一见的绚丽夜空。空中没有一丝云彩，无数颗星星毫无遮挡地闪烁着光芒，近得仿佛伸手就能摘下。这是我见过的最美的夜空。

## 高海拔适应训练

第7天到第14天，根据队员们的攀登经验和体力状况，约翰在一周里都带领着大家在大本营—C1营地—C2营地之间进行高海拔登山适应训练，让身体机能逐渐适应高海拔环境。虽然耗时多、进程慢，但能更大程度地规避风险，加上后勤保障充分，可以说，约翰给队员们安排的训练和行程方案非常稳妥。其间遭遇了大风雪，慕士塔格峰开始显露出它严厉的一面。陆续有六七个队员因体力不支无法继续攀登，选择了放弃，返回喀什。

第15天下午4点半，队员们到达海拔约6900米的C3营地。营地仿佛处在云端之上，两名队员向天际线走去时，感觉他们正走向未来世界。

C3营地没有陡峭的岩壁和雪坡，除了要当心冰裂缝，在天气晴朗、没有暴风雪时，相对安全。

在高海拔地区要多喝水才能降低脱水及血红蛋白增高、血液黏稠导致的心血管意外发生的可能性，所以多喝水可以说是基础防护行为。此外，睡眠状况也是不容忽视的问题，高山缺氧导致入睡困难，再加上两人共用的高山帐篷中堆满了各类装备和生活物资，穿得又臃肿，两个人在狭小的空间里异常拥挤。

上到C3营地，又有一批队员因体力不支和高山反应，下撤返回。

## 无兄弟，不登山

第16天，从C3出发后，一座又一座大雪坡横亘在眼前，除了前面的队友，什么标记物也看不见。下午5点左右，爬上又一座雪坡后，终于看见了天边的五个小黄点，那是我们冲锋营地的帐篷。踩着踏雪板努力朝目的地前行，目测并不远，却艰难行走了很长时间。高海拔的威力终于在7000米处对我显现出来。

协作之一的尼玛背着硕大沉重的登山包，鼓励并协助我，我们终于在晚上8点到达冲锋营地。这些天的攀登过程中，尼玛经常与我做伴，给了我莫大的心理安慰。

第17天，终于向顶峰发起冲击。登顶之路没有想象中的危险，却销蚀着每一个队员的意志。时间一分一秒地流逝，无穷无尽的雪坡仿佛一辈子也走不完，茫茫雪野中根本看不见峰顶究竟在哪儿。空气越来越稀薄，嘴巴像脱离水池的金鱼一样机械地张合，走几步就要趴在登山杖的把手上喘息一会儿。

身边队员越来越少，又有人撤退了。我只有一个念头：再坚持一下。

下午4点，到了慕士塔格峰的“关门”时间。约翰曾向我们多次强调登顶的“关门”时间：高海拔地区一般清晨至中午天气比较稳定，午后经常出现天气变化，乌云、雷雨、狂风、大雾都是常客，高海拔雪山午后天气变化的概率更大，因此，不同的高海拔山峰也有了各自约定俗成的“关门”时间。过了“关门”时间，登山领队或向导会建议登山队员不再向上攀爬，但最终需要领队或向导对天气、地形、季节、队员身体状况等因素进行综合考量后确定。

从顶峰下撤的协作阿苏在约翰的指示下，正在雪坡上等着“拦截”我们这些收尾的队员。

阿苏像只大雕一样张开双臂拦住我与尼玛的去路。尼玛对我说：“你要继续，我会和你一起。”我与他都有强烈的愿望要登上顶峰。阿苏考量了我的身体状况，加上天气并没有出现太大的变化，同意我们继续登顶。

有句话叫“无兄弟，不登山”，后来回想起这一刻，在那样的情况下若没有尼玛的陪伴，我没有勇气一个人攀向顶峰，可能对尼玛来说也是一样。

我和尼玛义无反顾地一头扎向更高的山坡，说来也奇怪，这时身体又充满了力量，也许是要登顶的强烈意念在为我的身体“加油”。

5点多，在“关门”时间过去一个多小时后，终于到达慕士塔格峰之巅。我舍不得多说一句话，只想紧紧抓住这短暂而华美的一瞬，把眼睛看到的一切深深地铭刻在心中。对我而言，尼玛不是协作，而是与我一同并肩作战攻克慕士塔格峰的战友。我俩戴着硕大的雪镜，像两只快乐的猫头鹰一样合影留念。

在顶峰逗留了半个小时，我们开始下撤，登顶只是整个登山过程的一半，高海拔登山下撤过程中的遇险事件不胜枚举，安全下撤才是最后的成功。

下撤到冲锋营地，夕阳斜照，整个营地披了一层橙黄色温暖的光芒，心底也涌起暖意。

愿每个人都可以去登一座自己心中的山。

慕士塔格峰北面和东面山势险峻，西坡坡势相对平缓，山体浑圆，如同一个巨大的穹顶。对登山爱好者来说，这是一座绝佳的7000米级高海拔体验雪山　　摄影_宋玉江

# 冰川秘境，穿行克勒青河谷

撰文 陈春石 摄影 汗斯 等

2014年4月初，春天似乎还未到达南疆古城喀什，伴随着艾提尕尔清真寺的礼拜声，一行十人组成的探险队在青旅的天台上留下了一张合影——我们即将进入喀喇昆仑山脉深处的克勒青河谷进行探险穿越。

喀喇昆仑山脉是除喜马拉雅山脉外的另一极高峰分布区，4座8000米级独立山峰集中于此——世界第二高峰乔戈里峰、加舒尔布鲁木Ⅰ峰、加舒尔布鲁木Ⅱ峰和布洛阿特峰。克勒青河谷则是除南北极以外冰川分布最为密集的区域之一，包括特拉木坎力冰川、加舒尔布鲁木冰川、斯坦格尔冰川、斯克扬冰川、布洛阿特冰川等。

克勒青河谷作为从中国一侧攀登乔戈里峰和加舒尔布鲁木峰等喀喇昆仑山峰的必经之路，之前不乏登山队和摄影家进入，但还没有人完成克勒青河谷的完整穿越。

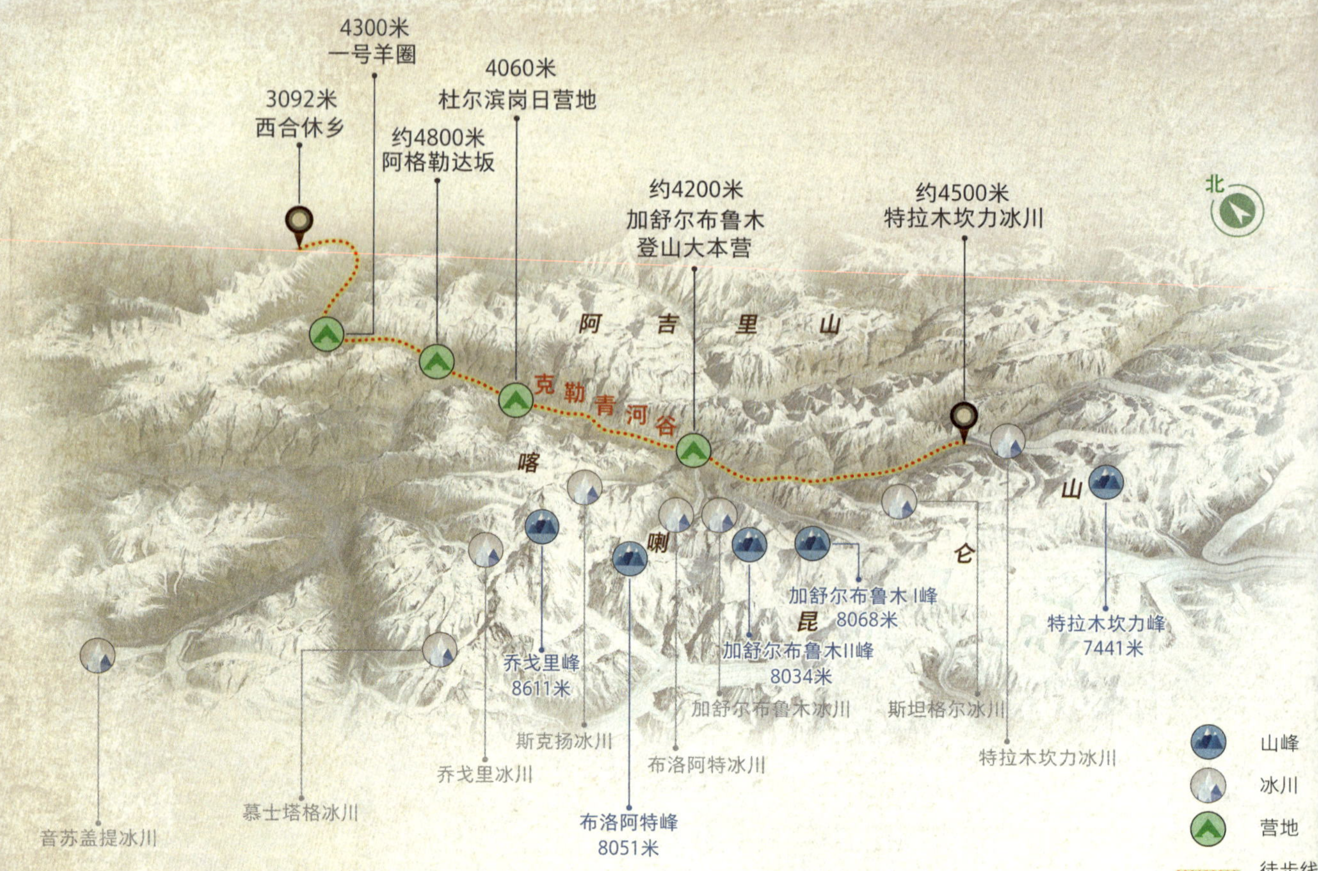


## 河谷穿行

徒步的起点在叶城县西合休乡苦鲁勒村，海拔3000多米，是当地政府援建的柯尔克孜族游牧民定居点。我们在当地雇用了老人丹尼尔作为向导，他带着两名驼工，赶着八峰骆驼、两头驴和一条狗同行。驼队要携带一行12人超过半个月的后勤物资，因此负重满满，不能骑乘，所有人都必须徒步。大多数村民都来为探险队送行，驼工的家眷们更是倾巢出动，孩子们抚摸着自家骆驼依依惜别。

徒步行走约两小时，一条宽阔的河谷映入眼帘，河床陡峭，碎石遍布，河面冰雪稍融，水量很少，驼队行走其间，显得十分渺小。尚未真正进入克勒青河谷，就已经感受到大自然震慑人心的力量，望着远处的雪山，队员们充满期待。

在河谷里走了没多远，遇到紧邻河道的羊圈，丹尼尔示意扎营。

首日的徒步行走很轻松，实际徒步的路程比计划中少。在这样的高原长途徒步中，初期放缓脚步，对个人的适应和队伍的磨合非常必要，真正的考验还在后头。

## 穿越“一线天”

第二天，天气阴沉，探险队继续在河谷中穿行。

河道越来越窄，两边的山体将河谷挤压得只剩一条狭窄的通道，之前的涓涓细流变成了湍急的河水。无法从河道通过，我们只能沿着崎岖的山路攀缘而上。路面落满滚石，脚下是陡峭的山崖，对于体形庞大的骆驼来说，需要格外小心谨慎，此时我们理解了丹尼尔昨日为什么要早早地扎营休憩。

穿越“一线天”后，河道又变开阔，陡然间河谷成为另一个世界，寒风刺骨，冰雪覆盖着遍地的红色碎石，艰险难行。越过红石滩，到达河床上方海拔4300多米的一号羊圈，三处石头垒成的羊圈虽然破败不堪、四处漏风，却是我们一路上最好的营地。

一整天，行进的路程依然不到20千米。这两天里，我们逐步完善了队伍的分工，包括营地建设、打水做饭、驼队装卸等，并实行每日轮岗制。

寒冷的季节，河谷寸草不生，无法满足牲口的食料供应。扎营后，驼工们将玉米面和水搅拌成面团，一团一团喂到骆驼嘴里

“一线天”是第一处地形较为险要的路段，两边的山体将河谷挤压得只剩一条很窄的通道，水流又深又急，无法从河道通过，只能沿着陡峭的山路行进，脚下便是深渊，可供通行的路面对于体形庞大的骆驼来说显得十分狭窄，需要格外小心

驼队行走于河谷中。这次徒步穿越计划周期很长，前半段从伊力克村进入河谷上行，可以有驼队保障后勤物资，但从特拉木坎力冰川之后的路线无人涉足，无资料可寻，驼队无法进入，需在海拔高度4700～5300米处重装徒步

队员们给两头毛驴分别取名为“奔驰”“宝马”　　摄影_陈春石

## 翻越阿格勒达坂

第二天夜里下了一整夜雪，不时听到山体冰裂、落石滚坡的声音。

第三天，迎来了徒步行程中真正的考验——翻越阿格勒达坂（山口）进入克勒青河谷。达坂最高处海拔约4800米，翻越全程要先上升约500米，再下降约900米。考虑到天气恶劣、路程艰辛，队伍比前两天提早两小时出发。

没走多远，领队田纳西门发现了狼的脚印，立即引起大家的警觉。一旦翻越阿格勒达坂，我们就将进入人迹罕至的荒野，人畜如不慎落单，就有被狼群袭击的危险。这时大家才明白向导为什么要带上狗——我们每晚熟睡时，全赖它忠实地站岗警戒，以防狼群的偷袭。

风雪再度降临，纷纷扬扬的雪花遮挡了视线，大雪掩埋了河谷的碎石，队员们深一脚浅一脚地探行，队伍很快拉开了距离。两头毛驴此时派上了用场，帮助体力不支的队员翻越阿格勒达坂。

喀喇昆仑山脉开始向我们展示它的险峻和严酷，没有任何植被，山体破碎，山顶悬冰川比比皆是，风化得如同插满了根根利剑。在接近阿格勒达坂坡顶处，一座庞大的山体像巨兽般横亘在河谷旁。根据行前了解，这里应该有一个湖，但大雪之后，湖面已不见踪影。

翻越阿格勒达坂后，陡行一段下坡。豁然间，喀喇昆仑群山之中，一条宽达数千米的平坦河谷——克勒青河谷——向我们展开，下游方向就是从中国一侧进入乔戈里峰登山大本营的路线。驼队行走在巨大的河谷中，远远看去犹如蝼蚁般渺小。

## 进入克勒青河谷

第四天，风雪过后的清晨碧空如洗，巍峨的雪山在朝阳下散发着金色的光芒，队员小北被瑰丽的景色陶醉，取出相机向坡顶跑去。

临近下午1点，小北仍未归来，整个队伍开始紧张起来。小北竟然疏忽到没有带对讲机，完全失联。鉴于山路陡峭和狼群出没，万一小北在天黑前不能返回营地，后果将不堪设想。

大家兵分四路搜寻小北，最终在前方河床上发现了他——由于下山路线选择错误，导致他无法顺利从河床下到河谷，不得不向前走了几千米才找到返回的道路，虚惊一场。相遇后，本想责备小北一顿，但是看到他手捧雪球解渴的惨样，只能捧腹而笑。

再往前行，山崖间竟然出现了一片绿色。一眼温泉汩汩冒出，旁边长满了绿色的青苔，吸引了不少鸟类在此停留。一片荒芜中出现的生机，让人不由感叹生命坚韧如同奇迹。

晚上，作为补偿，擅长厨艺的小北给我们做了一顿美味的柴火饭。原本计划召开的批斗会也因此作罢。但小北从此被扣上了“冒险王”的头衔，每天早上的起床号都改为“小北又跑了”。

队员和狗在玩耍。骆驼、驴和狗在行程中发挥了非常重要的作用。在荒野中，人和动物相濡以沫

阿格勒达坂

在这里攀冰，向冰壁挥出的每一镐，用冰爪踢出的每一步，都是无与伦比的体验

到达营地小草地后，天色尚早。难得日头当空，队员们索性模仿起电影《垂直极限》里在乔戈里峰大本营裸晒的哥们儿，脱光上衣，享受起日光浴

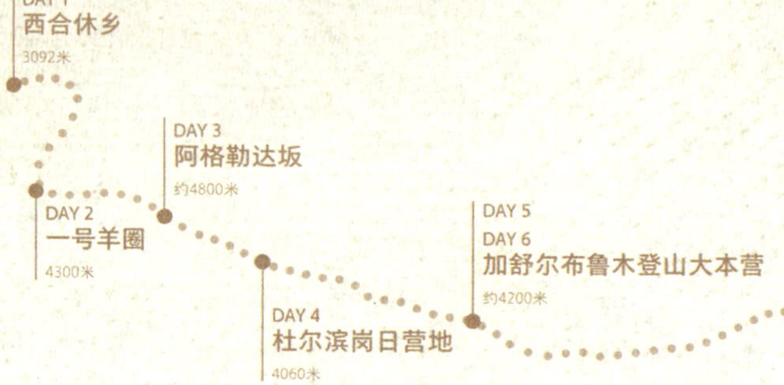


## 探索加舒尔布鲁木冰川

第五天一早，队伍从浓雾中起程。

随着雾气消散，远处一条冲进河谷的巨大冰川徐徐展开，这就是加舒尔布鲁木冰川，我们此行的主要目标之一。

克勒青河流域内，绝大部分冰川的长度都超过10千米，这些大规模的冰川属于中低纬度大陆性冰川。在高海拔的烈日下，冰面因受热不均造成的差异消融和冰川表面河流的融蚀切割，孕育出了一座座数十米高的冰塔林。这样的冰塔林在中国其他地方，仅有珠穆朗玛峰脚下的绒布冰川、希夏邦马峰下的野博康加勒冰川少量存在，而在克勒青河谷的众多冰川中，冰塔林比比皆是。其中加舒尔布鲁木冰川的冰塔林气势最为恢宏，如同千军万马一般从加舒尔布鲁木群峰下奔腾而出，涌入克勒青河谷中。

抵达海拔约4200米的加舒尔布鲁木登山大本营时，天色已晚，探索冰川的任务留待次日进行。

第六天，天公作美，万里晴空，克勒青河谷奇绝壮观的冰塔林在阳光下熠熠生辉。

从冰塔林出来，沿河谷行走，因为加舒尔布鲁木冰川的阻挡，克勒青河谷在这里形成了一个大弯，在大部分河道尚未解冻的4月，仅有的一小段水流也非常湍急，需要借助毛驴才能渡河。如果进入丰水期，则需要骑乘骆驼，风险更高。河谷转角就是加舒尔布鲁木冰川冰舌末端的巨大冰墙。数十米高的悬冰高悬头顶，崩塌的碎冰在冰河上散落一地，几乎将河谷堵死。队员田纳西门感叹多年心愿终于得偿——当初他仅仅看了一眼这堵冰墙的照片，就被这慑人的美感所吸引，立志有生之年一定要来此亲睹这冰川奇景。

继续前行，千姿百态的冰川美景让人目不暇接，突然间，喀喇昆仑群山几座8000米级高峰展现在我们眼前。连绵逶迤的冰峰像剑一样刺向深邃的苍穹，在太阳辐射和高空气流的作用下形成特有的“旗云”。队员们兴奋不已，驻足辨认——乔戈里峰（海拔8611米），加舒尔布鲁木Ⅰ峰（海拔8068米），加舒尔布鲁木Ⅱ峰（海拔8034米），布洛阿特峰（海拔8051米）。

队员们流连于眼前美景时，驼队已经远去，湍急的河流横在面前，没有毛驴可以借助，队员只能选择在两侧山崖上“飞檐走壁”

加舒尔布鲁木冰川　摄影_陈春石

队员们争相和慕士塔格峰合影
摄影_陈春石

群集于此的世界级高海拔峰群——乔戈里峰、加舒尔布鲁木Ⅰ峰、加舒尔布鲁木Ⅱ峰、布洛阿特峰——清晰可见

擅长厨艺的小北给大家做了一顿美味的柴火饭

背着太阳能板前行

克勒青河源自乔戈里区域的冰川，沿喀喇昆仑山北坡向西北，后折向东而去，汇入叶尔羌河，途中陆续接纳了来自特拉木坎力冰川、乔戈里冰川、慕士塔格冰川、音苏盖提冰川等数条巨型冰川的补给

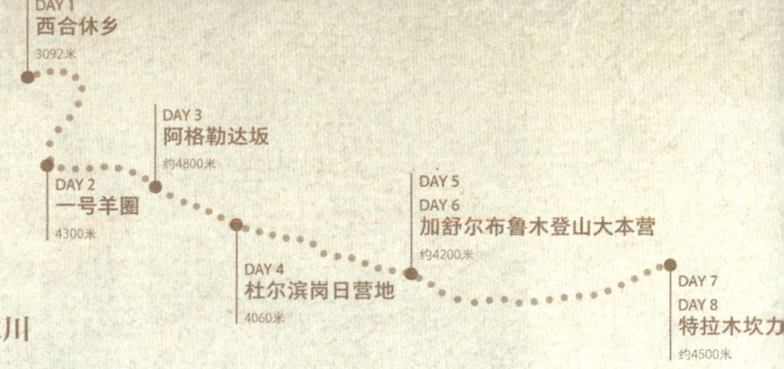


## “天堑”特拉木坎力冰川

第七天，按原计划到达特拉木坎力冰川。

根据我们掌握的资料，之前人类探寻克勒青河谷的足迹就到特拉木坎力冰川为止。之所以无法前进，是因为这条冰川的流动将克勒青河谷拦腰截断，冰墙直接与对面山体相接，驼队无法进出。除了几年前一支俄罗斯探险队尝试过翻山绕行特拉木坎力冰川外，还没有人穿越至河谷的源头。

傍晚，全队到达海拔约4500米的特拉木坎力冰川末端扎营。探路的昊昕和汗斯带来了一个坏消息——正如之前在卫星地图上看到的那样，特拉木坎力冰川冲入克勒青河谷后，阻断了通往上游的道路。我们曾经抱着侥幸心理，认为即使驼队过不去，至少可以在冰川两侧找到人员可以通行的通道，然而现实是巨大的冰墙与山崖已融为一体，不留一点缝隙。

部分队员行前预判不足，没有准备攀冰作业的装备，全队只携带了够四人结组攀冰的装备，剩下的是简易的冰爪和绳索。而全队只有我和昊昕、汗斯三人具备一定的攀冰经验，也不敢妄言能够应付复杂的冰川地形。

第八天，全队对特拉木坎力冰川进行详细的考察，评估两条潜在穿越路线的安全性：一条是从冰川与山体相接处想办法通过，另一条是从冰川表面直接横跨。

队员们穿上冰爪，小心翼翼地沿着冰川边缘行进。推进将近2000米后，冰川已经和山崖挤压在一起，崩落一地碎冰，形成了不少漂亮的小型冰湖。左侧山体陡峭，完全无法攀爬，只能继续沿着右边的冰墙慢慢深入。路的尽头，一块巨大的悬冰悬挂在两边的岩石上，形成一个冰洞，一条暗河从中流出。对面有光透过来，目测暗河并不是很长。胆大的汗斯涉水试探，发现只要通过这段冰洞，就开始变得宽阔，河谷看上去不再完全被冰川堵死，从这里穿越特拉木坎力冰川似乎是可行的。然而，暗河是刺骨的冰川融水，长度无法判断，涉水进入之后未知的危险性太大。阳光照射下，上方冰墙的崩冰和落石频繁，头顶上千吨的悬冰，更是巨大的隐患，即使戴了头盔，也无法保证安全。大家决定转而评测从冰川上方通过的路线。

选择从冰塔林间横跨冰川，比穿过暗河要困难得多。我和昊昕攀冰翻上冰川表面，开始寻找通过冰塔林的路线。最初我们主要担心暗藏的冰裂缝，探路发现，由于冰川表面被大量碎石覆盖，冰裂缝的威胁基本可以忽略，唯一的弊端就是路线较长，从我们扎营的地方算起，至少要在冰塔林中穿行3000米才能完全横跨冰川。

经过考察，无论是选择渡过暗河，还是跨越冰川，穿越特拉木坎力冰川都在队伍的能力范围之内。然而最大的挑战在于，之后100多千米的路途，我们不得不告别驼队，徒步负重前进，其间还要翻越三个横跨河谷的冰川以及一个大冰盖，且海拔会越来越高，最高处超过5300米。重装徒步至少需要一个星期，在没有驼队和充足物资补给，以及无法预判路况的情况下，继续穿越的风险极大。另外，经过多日的徒步，部分队员体力和心理承受力难以为继。综合考虑探险队的整体状况，最终一致决定，全员返程。

特拉木坎力冰川冰湖边。特拉木坎力冰川上有高大壮观的冰塔林，作为一种冰川景观，冰塔林由冰川末端的微小裂隙逐渐发育而来。裂隙在阳光直射下不断扩大，冰体逐渐减小，最终形成一座座相互分离的尖锐冰塔

## 极致的徒步体验

返程路上归心似箭，从苦鲁勒村出发用了7天走完的路程，回程4天就走完了。

12个男人、8匹骆驼、2头驴、1条狗，在寂静无人的荒野中行走了12天。行进200多千米路程，途经地平均海拔超过4000米，夜间平均气温低于零下20摄氏度。大家的身体和意志经历了喀喇昆仑群山的极限考验，也收获了常人所难得的极致体验。虽然探险队没有在前人的基础上实现突破，然而，探险的精髓在于体验过程，而不在于最终到达何处。一场探险活动，唯一的成功标准就是安全回家。

为了弥补无法穿越的遗憾，从下午直至深夜，队员们在冰塔林间尽情挥镐踢冰，宣泄情绪

参加2014年春天这支探险队的每个成员心中依然埋藏着一个未了的愿望——也许有一天，在准备更充分的情况下，我们会重返克勒青，完成那片无人秘境的最终探索。

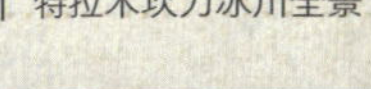

特拉木坎力冰川全景

摄影_刘湘晨

帕米尔之心

帕米尔高原，在古代中国被称为“葱岭”，险峻高耸的群山让这里的人与环境的关系处在一个相对静止的轨道上。低地和城市的文明很难进入这里，它们即使经过此地，在严酷高寒的道路上也无法留下深刻的印迹，只能用更加漫长的时间一点一滴地渗透与改变这个地方　　摄影_吴穹

# 帕米尔，腹地与边缘

撰文 范亚昆

交通枢纽的作用在这里呈现出世界上最奇特的悖论：它曾是互不熟悉的欧亚两个世界互相幻想的交错地带；它既是亚洲的腹地，又是文明中心的遥远边缘；它处在最开放的道路枢纽处，却保有最缓慢的进化过程；曾经在这里经过的财富不计其数，却没留下任何痕迹。这里是帕米尔高原。

## 西昆仑三峰

车行在塔里木盆地银色的戈壁滩上，一片连绵的黑色山体在地平线的另一端渐渐清晰扩大，喀什城区则在身后变得愈来愈远。

在亚洲的腹地、中国的西端，喀什作为一个古老城市正经历着它经久不衰的迭代过程——城市景观上，喀什最后遗存的传统高台民居被城市的新建筑包围，居民即将搬迁，很快就要变成一个修旧如旧的新景观。这是显而易见、迅疾发生的事情。

然而，对于紧邻喀什、我们即将进入的那片黑色山脉而言，其主体景观的细微变化，恐怕也要以万年来计。

面前的群山，称“山脉”并不确切——这里的山峰与河谷纵横交错，囊括了天山山脉、昆仑山脉、喀喇昆仑山脉、喜马拉雅山脉、兴都库什山脉，亚洲五条重量级山脉汇聚于此，形成一个巨大的“山结”，横跨了中国、阿富汗、塔吉克斯坦等国。在亚洲，它处于腹地的最深处，雪峰高耸，峰群林立。这一带，被古代的中国人称为“葱岭”，如今的名字是“帕米尔高原”。帕米尔在塔吉克语中，是“世界屋脊”的意思。

两千年来，曾有许多人途经塔里木盆地边缘时，站在这条路上，眺望天边无尽的黑色群山；而对于遥远的中原居民来说，绝大部分人无缘涉足此地，只能将群山之中的“昆仑山”三个字当作神话中的一个想象空间。

盖孜河切开西昆仑山中的公格尔山系，为人们进入这个空间打开了一条路。

路边的红柳正是开花的季节，它们细碎的玫粉色几乎是此刻这片天空下最娇嫩的色彩，衬得相邻的沙枣树、钻天杨以及一丛丛低矮的胡杨暗淡无光。盖孜河则拥有一种浑浊而有力的青灰色，这种色彩不指向任何勃勃生机，只昭示着前路将会愈来愈贫瘠与艰难。

峡谷渐趋狭窄，视野骤然收缩。中国通往巴基斯坦的新公路正在沿着盖孜河谷修建，还有一些正在施工的水利工程，将盖孜河大峡谷变成一个尘土漫天的工地。无论大修的公路将如何诠释当代的行路速度与舒适度，它依然要沿河谷而建，像古人的道路一样，借助盖孜河自远古以来对山体的切割成果，才能进入帕米尔高原的深处。

白沙湖与白沙山突然以奇幻的面貌出现在路边，开阔碧蓝的湖水与雪白耀目的山体劫掠了人们的目光。在黑褐色的群山中，这耀眼的色彩如此罕见，以至于我在帕米尔经过了数不清的各种类型与样貌的山峰后，依然惊叹于这里竟拥有一座纯沙堆砌的白色山峰。银白色的白沙山在群山中确是个异数——它所在的布伦口是西昆仑山中一个重要的风口，积累着来自塔里木盆地的风沙，这些风沙沿盖孜河谷进入高原，被西边的萨雷阔勒岭阻挡，在此经年沉淀，造就了如今的白沙世界。而它的出现只是一个前奏，随着海拔接连升高，覆盖着积雪的山峰开始出现，接下来很快就会看到西昆仑山中最高大的三座山峰：慕士塔格峰、公格尔峰与公格尔九别峰。

“慕士塔格”在柯尔克孜语中是“冰山之父”的意思。它的山体看起来柔和而敦厚，几乎是一个完美浑圆的覆钵之形，与对面数座险峰峻岭相连的公格尔九别峰相比，慕士塔格的敦厚样貌并不出众。“公格尔”的意思则是“褐色的山”。这三座山峰中，海拔最高的是7649米的公格尔峰，它与同在西昆仑山脊线上的公格尔九别峰相连，后者的海拔为7530米，慕士塔格峰的海拔为7509米。

## 幻象之山

慕士塔格峰下，是被柯尔克孜人称作“黑海”的喀拉库勒湖。慕士塔格浑圆的峰顶被笼在一层薄薄的云中，另一侧的公格尔九别峰则陡峭连绵，两座相距很近的雪山俯瞰着并不算开阔的喀拉库勒湖。几只羊正在湖边稀疏的草地上觅食。

除了这些举目可见的景观，湖边景象还有一种不易察觉的特质，后来我在帕米尔高原的路途中再也没有遇到过——异乎寻常的寂静。这寂静如同不可见的固体置在湖面、围裹着山峰，以至于周边每一个微小的声音都像被加了扩音器，可以在山谷中传递很远，却又无力穿透这厚厚淤积的寂静。

昆仑山，昆仑山。

这个名字最早在中原先秦至汉代的典籍中出现时，既代表了一座山，又表达了一个宏阔遥远的幻想空间。它孕育的是中国上古神话中最庞大的体系——昆仑神话。

昆仑神话中，最华丽的情节出于先秦典籍《穆天子传》中：周穆王西征，登昆仑之丘，入西王母之邦，在瑶池受到西王母的款待，二人对饮，言笑晏晏，相约下一次相见的时间。

集上古神话之大成的《山海经》与《淮南子》，则在数个篇章中反复叙述昆仑山，在这些叙述中，昆仑山被描述为中国西部最高大的一座神山，是上帝在地上的都城，它被数条大川潆洄盘绕，光芒四射；山上住了多位神仙，其中最尊贵的黄帝住在昆仑的最高层——增城，城中建筑华美，每个城门都由九头人面的开明兽镇守；山上万物尽有，尤其产玉；神兽雄奇多变，草木泉水可使人不死……

不只是轩辕黄帝与西王母，中国神话体系中的夸父、共工、禹，甚至三苗与楚国的先祖，都与昆仑一带有千丝万缕的联系。

当这个围绕昆仑山的幻想空间被经年累月地建立起来并且日益复杂庞大时，所有的读者都提出了一个相同的问题：昆仑山在哪里？

此刻，我坐在西昆仑的三峰之下，寂静的喀拉库勒湖边，看湖中倒映的慕士塔格峰的影子。昆仑山在哪里？

两千多年来，试图解答这个问题的人络绎不绝，直到当代，仍有无数人致力于此。他们搜尽所有记载昆仑山的古籍，精细研究其中记载的每一个微小的山川物产特征与古人的考证记录，并与中国的无数山川对应，给出了无限纷繁的答案。太行山、鄂尔多斯北缘之山、祁连山、青海一带黄河源头的山，以及现在的昆仑山，都曾位居答案之列。甚至还有人言之凿凿地说，喀拉库勒湖就是书中记载的西王母的瑶池啊！

这些答案与论争，就像飘荡在喀拉库勒湖上的各种细碎声音，始终无法穿透这亘古的寂静。

人们在多变的答案中唯一达成的认知默契，几乎是对“无解”的妥协：神话空间存在于想象世界，与现实地理终究不是一个层面上的问题，即使二者在现实山川中偶有重合，现实终不能解释神话中诡谲莫测的灵异幻想——那些幻想，只是古人用想象力来表达已知世界的一种方式。

昆仑山是一座幻象之山。

## 跨越神话

神话与现实世界真的有那么大的鸿沟吗？如果这个鸿沟不可跨越，那么现实中就不该有昆仑山的存在。然而此刻，我正坐在一座名叫“昆仑”的山中。一定有一条路，让人从神话的纷繁幻象中出走，进入真实的世界之中。

关于昆仑山的幻象，如果换一个提问方式，也许会变得可解。

在神话诞生的时代，生活在黄河流域的书写者对周边地理的认知范围究竟有多大？如果能够知道他们的认知边界，昆仑山就会在这个边界之内出现。

太行山、鄂尔多斯北缘之山、祁连山……这些黄河流域附近的山之所以能成为答案，一个重要原因在于，后人认为，在先秦时代，假如穆天子（周穆王）真的周游四方，以当时的交通条件与他的行动能力来看，他的涉足范围都极其有限，只能进行小范围的旅行。所以，他登上的昆仑山不会太远，会面的西王母也是黄河流域附近的部族首领的化身。

假如“穆天子周游四方”是个虚构故事，书中记载的地理景象就会来自当时世人对周边地理的认知——可能是作者实际走到的地方，更多的内容则来自周围人们的口口相传——一旦借助“口口相传”，这个认知边界就会变得模糊不清，很可能会远远超出黄河流域。比如，当时人们听说，在遥远的西方，有一座名叫“昆仑”的山，这座山产玉，是很多河流的源头，却不知道它在哪里。

在那个对地理知识口口相传的时代，需要有一个人，从神话传说与书籍考证中走出来，到真实而丰富的西方去看一看。

真的出现了这样一个人。

这个人在历史上的作用，后世通常用四个字来概括：凿空西域。他是张骞。

公元前2世纪，汉王朝的使臣张骞出使西域，带回了大量的见闻与物产，使当时人对西方的认知边界，从玉门关直接跨越到了葱岭（帕米尔高原）以西的中亚。张骞为人们揭示了一个过去不为人知的外部世界，除此之外，他还带回了一个不太起眼的名字：昆仑山。

是张骞找到了神话中的昆仑山吗？《史记·大宛列传》中大致讲述了这个过程："汉使穷河源，河源出于阗，其山多玉石，采来，天子案古图书，名河所出山曰昆仑云。"——张骞追溯黄河的源头，找到了一座于阗（今和田地区）附近的山（这是张骞的一个错误，真正的黄河源头不在这里，但这个错误无关大碍），这座山上产出玉石，汉武帝据此对照古书上的记载，把这座山命名为"昆仑"。从此，昆仑山正式出现在了中国的地图上。

这一刻，我所在的山，就是汉武帝刘彻命名的昆仑山。

神话幻想且不谈，刘彻命名的这座山，是之前人们在有限的地理认知中听说的那座昆仑山吗？

很早之前，就有人发现，"昆仑"二字不是一个出自汉语的词，而是一个外来语的音译。就像"祁连"出自匈奴语、"慕士塔格"出自柯尔克孜语一样，"昆仑"二字，应该来自居住在真正的昆仑山附近的族群对这座山的称呼，久之传到黄河流域，汉族人听说了这座山的名字，将其写入古书之中。

既然在先秦时代，汉族人就听说过这个译名，那么，这个为昆仑命名的族群要比后来出现的匈奴还要古老。

是什么族群？他们居住在哪座山附近？"博望侯"张骞的时代距离先秦并不遥远，他"凿空西域"的时候，有没有遇到这个族群？有没有与真正的昆仑山擦肩而过？

如果这个问题拿来问汉王朝的对手——匈奴人，答案很可能会水落石出。张骞偏偏没有问。这不是他关注的问题，更不是他与匈奴交锋时的任务。

## 打开西域

不知昆仑山在何处，是因为人们对玉门关以外的世界太不熟悉了。正因为这种不熟悉，才一次次将昆仑山加以渲染，直至其变成一个脱离现实的巨大想象空间，昆仑神话体系才得以完成。

2000多年后，有当代学者在对古老语言碎片的拼凑对比中，得出一个不起眼的结论：我们一直以为祁连山的名字来自匈奴语，即天山的意思，其实不是。"祁连"二字很可能来自一种更古老的语言，后来被匈奴人化用到匈奴语中，继而被译为汉语。在那个古老的语言中，"祁连"与"昆仑"是同一个词，即"山"的意思。

无穷无尽的昆仑猜想如漫漫长夜，似乎出现了一丝光亮的缝隙。如果这个微小的结论能够被证实，那么，2000多年来，关于昆仑山的无数疑惑与猜测，就会出现一个巨大的反转——昆仑不是一座具体的山，在西方的某种古老语言中，所有的山都被称为"昆仑"。

诸神隐没在中原人瑰丽华美的想象世界里，而真实的昆仑群山与真正的西方世界则开始浮现于人们生活的土地上。

这个被反复考证的语言，就是印欧语系中最古老的语言之一——吐火罗语。

海拔7530米的公格尔九别峰由数座险峰峻岭相连而成，陡峭连绵，它和海拔7509米的慕士塔格峰、海拔7649米的公格尔峰并称为“昆仑三雄”　摄影_李学亮

吐火罗语是一种早已消失的语言，直到20世纪初，学者们才在新疆的塔里木盆地考古中发现了用吐火罗语书写的文献，并为之做了整理与归类——使用吐火罗语的族群在天山南北的广大地区都有分布，包括塔里木盆地中的焉耆、龟兹、楼兰等地。这一广大地区，经张骞西行之后进入中原人的认知领域，从此被称为“西域”。

在使用吐火罗语的族群中，最为中原人所熟知的一支是大月氏人。寻找大月氏，正是促使张骞“凿空西域”的真正目的。

先秦时代，月氏人在河西走廊的西部、敦煌与祁连山之间游牧——这个年代，正是《穆天子传》成书的年代——后被崛起的匈奴所驱赶，被迫向西长途迁徙。匈奴人随之取代月氏占据了祁连山一带，而离开的大部分月氏人沿天山南路西行，几经辗转，两次西迁，最终定居于帕米尔高原的西部、中亚的河中地区，即介于锡尔河和阿姆河之间的广大地区。西迁的月氏人，后被称为大月氏；留下的小部分月氏人，被称为小月氏。

与此同时，汉王朝被崛起的匈奴所威胁，由此试图找寻被匈奴击走的大月氏联合抗击匈奴，这才有了张骞西行一事。待张骞找到大月氏时，昔日的游牧民族已经在帕米尔的西边、阿姆河的水草丰沛之地定居，不愿意再卷入对匈奴的战争。张骞西行的外交目的并没有达成。

但张骞追寻大月氏西行的这条路，在两千多年后的19世纪70年代，被德国地理学家李希霍芬所命名，这个名字同时照亮了东方与西方的历史与文明，并将旷日持久地沿用下去——他在名为《中国——亲身旅行的成果和以之为根据的研究》的书中，将这条路称为“丝绸之路”。

事实上，真正的丝绸之路既不是一条起始点与经行处十分精确的路，也并非自张骞开始才有人行走。相反，这是一条古老的、范围广袤的巨大通道，有很多分支交叉延展，行

走者往往都是根据不同的环境和时代条件来选择道路。

在张骞之前，最早的东西方通道始自北方草原。“草原像未经耕种的海洋一样，它虽然不能为定居的人类提供居住条件，却可以比开垦了的土地为旅行和运输提供更为巨大的方便。”英国历史学家汤因比曾这样形容草原为交通提供的便利。相对于农耕民族的自给自足，游牧部族有相当一部分生存所需的物品需要与定居社会进行交换，比如粮食或纺织品，早期的贸易活动就这样诞生于游牧部族的迁徙道路上。在汉代以前的很长时间，活跃在蒙古草原、南俄草原、中亚与西亚北部的斯基泰人在游牧过程中就开辟了草原之路，这个宽广的欧亚草原大通道东至大兴安岭，向西一直抵达黑海草原。

但是在中国古籍中，“草原”这个词语出现得比描述西域的“瀚海”“流沙”还要迟，这是因为在作为文明中心的黄河流域，中原人的视野并没有随着北方游牧部族的视野而展开，而是直到张骞时代才开始向西方延伸。张骞之前，通往西域的道路上早已出现了中原的物产，在“凿空西域”之后，除了书写者的记录范围开始拓展之外，还有一队专职进行商业贸易的人群出现在了东西方的通道上，当这群人开始行走时，丝绸之路正式连接起了东西方的文明中心。

李希霍芬所命名的丝绸之路，指的就是张骞开辟的“从公元前114年至公元127年间，中国与中亚、中国与印度间以丝绸贸易为媒介的一条西域交通道路”。随着西方学者研究的深入，20世纪初，德国历史学家赫尔曼进一步明确，将丝绸之路的范围延伸到地中海西岸和小亚细亚，确定了丝绸之路的基本内涵——它是中国古代经过中亚通往南亚、西亚以及欧洲、北非的陆上贸易交往的通道。这条路起自长安，讫于罗马，连接了亚欧大陆的东西方文明，丝绸是这条路上最具代表性的货物。

丝绸之路在中国的部分有北道、中道、南道

丝绸之路路线示意图

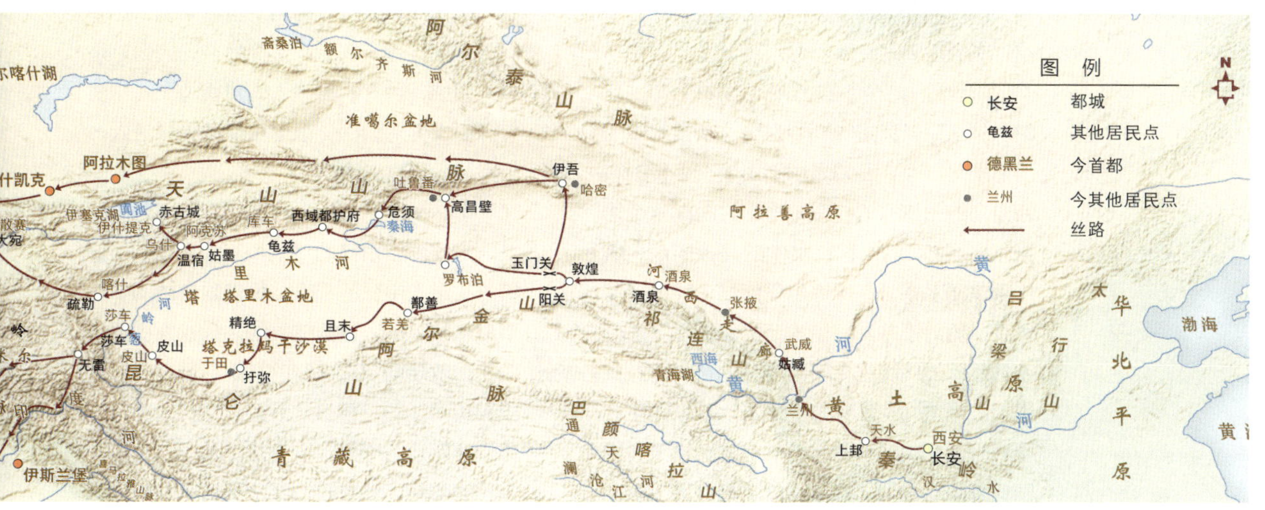

之分，当这条路向西延伸时，中道与南道却同时指向了一个区域，这个区域是整个丝绸之路上最为艰险难行、神秘莫测的一段路——被称作“万山之祖”的帕米尔高原。

## 帕米尔深处

翻越西昆仑山之后，314国道进入一条平缓的南北向谷地，眼前豁然开朗。两侧褐色的群山并辔连绵，看上去几无生机；谷中的景色却变得温和油润，颜色也愈加丰富起来。这里平坦开阔、水草丰美，羊群与马儿散落在绿色的草滩上，偶有白色的牧民毡房点缀其间。此处已是帕米尔高原的深处、中国塔吉克族的蕃息之地——塔什库尔干河谷。

与西昆仑山脉共同构建这条河谷的山，名叫萨雷阔勒岭——两山都是南北走向，身居其间的塔什库尔干河谷在冰川切割下呈现出缓和的U形。除了构建塔什库尔干河谷的狭长纵谷结构之外，萨雷阔勒岭另一个重要的功能，就是将帕米尔高原分成了东、西两部分。这个功能，是通过“分水岭”的角色来完成的。

如果说，河流在人类历史上的作用是提供生息条件，滋养文明生长，分水岭，尤其是重要分水岭的作用则是区分文明的板块。这一点，在萨雷阔勒岭体现得尤为明显。

帕米尔高原以萨雷阔勒岭为界，东帕米尔的山是南北走向，西帕米尔则由数个平行的东西走向的山体构成。东帕米尔只占据整个帕米尔高原30%的面积，其中的盖孜河汇入喀什噶尔河水系，塔什库尔干河汇入叶尔羌河水系，随后都并入塔里木河，东流贯穿塔里木盆地，最终消失在新疆若羌的台特玛湖。占据帕米尔70%面积的西帕米尔，则诞生了孕育中亚文明的重要大河——阿姆河（在中国典籍中被称为“妫水”或“乌浒水”）。萨雷阔勒岭作为分水岭，将河流的走向也分成了东、西两个方向。这个天然的界线，后被俄国用来作为划分中国与俄国的边界，并在苏联解体后一直沿用至今。萨雷阔勒岭的西边，就是今天的塔吉克斯坦。这个划分，倒是也符合了中国人既有的“大河东去”的心理。

塔什库尔干塔吉克自治县就坐落在塔什库尔干河谷最平阔的地方。从外表看，隶属于喀什地区的塔什库尔干县城形制方正，道路规整，功能结构规划清晰，与中国大部分县城的区分度并不是很大，甚至显得更加洁净而有条理。县城中心的十字路口，高耸的石柱上立着一只正在飞翔的雄鹰雕像，它太高了，以至跳出了周围平铺的街景，与远方的群山融为一个景观。

雄鹰是塔吉克族的标志。

塔吉克族是个很特殊的民族。中国不乏生活在高原上的民族，也有各种游牧民族，以及半农半牧的民族，而生活在高原上半农半牧的塔吉克族，却是具有比较纯粹的欧罗巴人种特征的白种民族。

很少有人去追索古老民族特殊血统的来源问题，因为对于新世界的当下生活来说，这个问题实在是过于久远。然而复杂的问题总是令人困惑，因此有着迷人的吸引力——想要打开旧世界的大门，像追索深渊一样进入一个猜测的迷宫之中。

塔吉克族源自古代的“塞种”人，这个族群第一次进入中原的视野，仍然与前述的一件事息息相关——匈奴的崛起。匈奴人占据月氏人在敦煌与祁连之间的领地，昔日曾称雄于天山南北的月氏虽然落败，却势力犹存，他们在西迁的路途上，先是洗劫了一个名叫乌孙的部落，然后攻占了伊犁河、楚河流域的塞人的游牧之地。塞人被迫分散迁徙，分居数地。后来乌孙投靠匈奴，借力报复大月氏，夺取了大月氏占据的伊犁河流域的塞人故地，将大月氏人驱赶到了帕米尔高原以西的阿姆河流域。这是中原史籍中第一次出现塞人的身影，散见于《汉书·西域传》关于西域各国的记载中。然而，这些记载至多提到塞王南迁罽宾（今克什米尔）、塞人分散至数地，却无力记录塞人在受此打击后分散在了何处。

《汉书》中对于“塞人”的记载只是管中窥豹。“塞种”的名称其实是个音译，在古波斯铭文中记为萨喀（Saka），公元前5世纪的古希腊史学家希罗多德曾称他们为斯基泰人，由于年代过于久远，要考察它的源流与详细的内部分化已经很难，甚至中国古籍中记载的“西戎”也被希罗多德划分到了这个庞大的族群中。简单说来，在公元前8世纪前后活跃于中亚细亚广大地区的游牧民族都可以被称为塞种，而他们共同拥有的一个重要的特征，就是属于印欧语系的雅利安人——在这个特征之下，塞人、乌孙人、月氏人都可以被归为广义的塞种人。

在汉代，匈奴人兴起于蒙古高原，像一只蝴蝶扇动了一下翅膀，它改变的将是整个中亚草原游牧民族的分布格局——塞种人将在这个过程中落败，被驱逐出蒙古高原与天山南北。这个改变，在当时的时间切片中，是每个当事者都无法预料的。帕米尔高原上，同为塞种人的塔吉克先人，也一道经历了这一段改变游牧格局的历史过程。

汉代的帕米尔高原上，塔什库尔干河谷中原本有一个名叫“蒲犁”的游牧行国，属于氐羌系民族（很可能这里也生活着小部分塞种人，但不及羌人多）。当源于东欧草原的游牧者与源于蒙古高原的游牧者在开阔的天山南北反复角逐与渗透时，可以推测的是，有一支塞种人的势力迁徙进入了帕米尔高原，并驱走了原本在这里游牧的羌人，长驻下来。留在这里的古塞种人，就是帕米尔高原塔吉克族的先人。后来，具有欧罗巴血统的游牧民族相继退出中国北方草原，进入中亚地区。隐藏在帕米尔高原深处的塞种人却由于受到群山庇护，不再迁徙。同样由于群山的庇护，后来的帕米尔塔吉克人得以保留了比较纯粹的古塞种人基因。

帕米尔的深处，是一个躲避草原纷争的隐居之地。

## 欧洲人的脚步

当东方人还在用昆仑山来幻想西方世界的时候，欧洲人已经马不停蹄地开始了东进的脚步。

公元前4世纪，马其顿王亚历山大用10年时间进行东征，一连征服波斯、埃及、小亚细亚、两河流域，建立起了横跨欧、亚、非的庞大帝国。当行至帕米尔高原西部时，大军跨越过了兴都库什山，亚历山大被帕米尔南部富庶的印度河流域吸引，甚至已经进入了印度河上游地区，最终人马厌战，止步于此。也许，帕米尔高原在亚历山大的征程中是个因难以逾越而未被考虑的线路，否则古老的中国不会在1000多年后仍停留在欧洲人的东方想象之中。

亚历山大的这次征程，在帕米尔西南部产生了一点意外的影响，张骞在公元前2世纪到达这一带的时候或许能够看到一丝痕迹——在南亚次大陆的西北部有一个叫犍陀罗的地方，当古印度的佛教在这里兴盛时，亚历山大东征给这里带来了丰厚的希腊古典艺术，希腊化的佛教造像后来成为犍陀罗艺术的标

帕米尔高原的群山常年覆盖着皑皑白雪，山麓遍布大大小小的砾石，偶尔有牧民赶着牛羊骆驼经过，一片洪荒之地的山川景象　　摄影_高嵩

丝绸之路向西延伸时，中道和南道共同指向了帕米尔高原——整个丝绸之路中最艰险难行、神秘莫测的一段路。作为古老商道的必经之路，东帕米尔高原塔什库尔干地区的各个村落里，类似的古老驿站并不鲜见　　摄影_叶金

帕米尔高原深处的塔什库尔干河谷，是中国塔吉克族的蕃息之地。塔吉克族属于古代的“塞种”人，在公元前8世纪前后活跃于中亚细亚广大地区的游牧民族都可被称为塞种，他们之间共同的重要特征，就是属于印欧语系的雅利安人　　摄影_刘湘晨

志。犍陀罗就处在张骞寻找的大月氏人的定居地，后来，被迫迁徙的大月氏人在这一带建立了著名的贵霜帝国。犍陀罗艺术在贵霜时代达到顶峰，深刻影响了后世的印度、中国、日本与朝鲜的佛教艺术。

亚历山大没有跨越帕米尔高原，致使欧洲人对那个出产丝绸的东方一直抱有奇妙的幻想。在张骞所处的西汉时代，古希腊与古罗马的历史学家与地理学家对东方不明所以，只能称作“赛里斯国”，也就是“产丝的国度”。在此之前，欧洲人甚至一度传说丝是从树上长出来的。曾有一个穿越丝绸之路到达洛阳的马其顿商人带回一些关于东方的信息，这些宝贵的消息被古罗马地理学家托勒密写入了巨著《地理学》之中，其中记载了从石塔到赛里斯（东汉时期的中国）的都城“Sera”（洛阳）的路程，这个“石塔”，就是帕米尔高原上塔什库尔干河谷中最古老的城址“石头城”。

但是，真正让欧洲人对东方产生热烈向往的时代，已经是1000多年以后。1271年，年轻的意大利人马可·波罗踏上了他的东方之旅。当他登上帕米尔高原的时候，曾经在古罗马的地理书上昙花一现的塔什库尔干河谷对欧洲人敞开了它的面貌。他在《马可·波罗游记》中记载了一个隐秘、寒冷而美丽的世界：

……登之极高，致使人视其为世界最高之地。既至其巅，见一高原，中有一河。风景甚美。世界最良之牧场也。瘦马牧于是，十日可肥。其中饶有种种水禽，同野生绵羊。羊躯甚大，角长有六掌。牧人削此角为食盘，且有用作羊群夜宿之藩篱者。此高原名称帕米尔，骑行其上，亘十二日，不见草木人烟，仅见荒原，所以行人必须携带其所需之物。其地甚高，而且甚寒，行人不见飞鸟。寒冷既剧，燃火无光。所感之热不及他处，烤煮食物亦不易熟。

直到今天，塔什库尔干河谷亦无大异，看起来似乎仍然是一个井然有序并与世隔绝的世界。

虽然塔什库尔干县城已经是一副现代的装束，314国道周边的乡村房舍已鲜有塔吉克人古老的传统民居“蓝盖力”，但是，那些工业、商业、资本乃至现代观念等更深层的时代景观仿佛仍然与这里隔了几个世纪的距离。

古老的因素也一同保留在语言之中。中国塔吉克族大部分是山地塔吉克人，他们一部分人自称为色勒库尔塔吉克，一部分人自称为瓦罕塔吉克。“色勒库尔”与萨雷阔勒岭的“萨雷阔勒”是同一个词，“瓦罕”则取自位于塔什库尔干河谷南部的一条山谷，这条山谷通往阿富汗境内，名叫“瓦罕”。色勒库尔与瓦罕的方言有些差别，但可以互相交流。在色勒库尔的方言中，保留了大量的古代塞语、粟特语、吐火罗语的成分，这一点与塔吉克斯坦境内通行的标准塔吉克语很不相同——塔吉克斯坦的主体民族是平原塔吉克人，他们的语言杂糅了更多现代基因，属

石头城，东帕米尔高原最古老的古城遗址，坐落于塔什库尔干县城东北部塔什库尔干河谷最宽阔的高地上。它是公元150年前后古罗马地理学家托勒密在《地理学》中记载的“石塔”，也是玄奘在《大唐西域记》中记述的“朅盘陁国”都城　　摄影_李翔（左上）

如今，石头城的外城已风化、破坏严重，但内城城垣依旧坚挺。作为古代丝绸之路上的重要驿站，石头城的作用一直发挥到清代，它见证了历代古代商旅、高僧、军队、中外探险家跨越帕米尔高原的艰难步伐　　摄影_包迪（左下）

于现代波斯语，与山地上古老的色勒库尔方言几乎不能互通。

在塔什库尔干县，大部分30岁以上的人仍然只会讲古老的方言，但新一代的汉语教育已经覆盖了中小学。对于走进这一地区的汉语外来者而言，只要不是非常复杂的问题，本地的孩子们可以随时随地担任汉语翻译，所以在语言上并没有巨大的障碍。然而，语言换代造成的心灵冲击，仍然落在了一些受过教育的人身上。这些人在微信群里热切地讨论该如何保留与发展本地的语言，色勒库尔与瓦罕方言、塔吉克斯坦的现代波斯语、汉语，都成为大家的选择方向。这是一个语言的十字路口，也是一个文化选择的十字路口，古老文化的价值感并不是选择的重要砝码，交流与沟通才是真正需要考虑的因素。汉语的主流方向已经不可替代，而持波斯语方向的人则更多出于与境外同民族进行商贸往来的考虑。语言争论十分激烈，但是，色勒库尔语一定不是人们内心想要放弃的语言，它是每个人的乡愁。

## 道路的悖论

相较语言，文字的缺失指向一种困境——古老的历史只能从遗迹和考古发掘中探寻。那些更久远的信息，则被一座沉默的城所保留着。“塔什库尔干”，在突厥语中是“石头城”的意思——它就是古罗马地理学家托勒密在《地理学》中记载的“石塔”。

我登上石头城时，一场阵雨刚过，天色转晴，谷中明亮，群山之巅重新覆上一层雪色，云彩的影子斑驳疏离。

石头城坐落在塔什库尔干河谷最开阔处的高地上，在更早些的时候，这里大约是个石砌城堡，而今则是一座土筑的古城遗址。城中的主干道仍然保存着，但夯土建筑大多破败，只有城垣依旧坚挺。如今的样貌是它在清代衰落时的样子。后来的县城就是依托石头城的位置在旁边修建的，在这里可以俯瞰河谷中的阿拉尔金草滩。

这个城池是中亚的制高点，所有穿越帕米尔的人都会途经此处。丝绸之路在这里展开了它古老的面目：向北的道路通往喀什，向东北的道路通往莎车，扼守着帕米尔高原在中国境内的两大出口。喀什和莎车，分别又是中国丝绸之路中道与南道的起点。从石头城向南，穿越塔什库尔干河谷之后，道路直指红其拉甫山口与瓦罕走廊，分别通往巴基斯坦与阿富汗。

然而，交通枢纽的作用在这个核心点呈现出世界上最奇特的悖论：它曾是互不熟悉的欧亚两个世界互相幻想的交错地带；它既是亚洲的腹地，又是文明中心的遥远边缘；它处在最开放的道路枢纽处，却保有最缓慢的进化过程；曾经在这里经过的财富不计其数，却没留下任何痕迹。

文明和城市是低地的产物，山则阻碍了汹涌不息的历史——曾经详细观察地中海历史的法国历史学家布罗代尔这样表述过地理环境与文明发展的关系。在帕米尔高原，丝绸之路穿越世界屋脊，使布罗代尔的这一论断表现出更为深刻而复杂的含义——亚欧大陆两端，处在文明中心的人们互相想象、遥望；他们用久远的时间与耐心，一站一站在辽阔的丝绸之路上传递信息、商品、宗教以及对地理的认知；他们有的人在迁徙中找到适宜的生存之地，有的人在探索中填补东西方的认知空白，有的人在征战中寻找政治野心能够挑战的地理极限，有的人在旅途中传播宗教与信仰……道路的力量是伟大的，发生在丝绸之路上的一切都在琐碎而汹涌地改变着古老大陆的文明面目，唯独在帕米尔的群山中，人与环境的关系处在一个相对静止的轨道上。低地和城市的文明很难进入这里，它们即使经过此地，在严酷高寒的道路上也无法留下深刻的印迹，只能用更加漫长的时间一点一滴地渗透与改变这个地方。

有一个途经帕米尔的人，他的经历与著述可以为帕米尔的道路史做一个微小的注脚。

公元628年开始，中国僧人玄奘一人穿越丝绸之路，完成了古老的印度文明与中国文明的一次史无前例的深刻交流。

回国的路上，玄奘穿过了帕米尔高原，留下了关于石头城最详尽的记述。在他为唐太宗李世民写的关于西域的地理著作《大唐西域记》中，石头城名叫“朅盘陁国”，此国周环二千余里，大都城以大石岭为基，周围山岭连绵、川原狭隘。……国人崇敬佛法，其开国者据称是来自太阳的父亲与来自汉土的母亲所生，所以王族自称“汉日天种”……

玄奘继续描绘了自石头城东出帕米尔到达乌刹国（今莎车县）的经历，在这段路途中，有一片被山岭包围、冬夏积雪、风寒飘劲的地方，被称作“奔穰舍罗”。玄奘记载，曾有万人千驼的大型商队在此遭遇风雪，人畜俱丧，后来朅盘陁国的僧人将商队的遗资收集起来，在奔穰舍罗建立馆舍，以赈过往行人。至今，后人仍无法确知玄奘所描写的奔穰舍罗的真正位置，只能对这一段路途中的艰险心生敬畏。

玄奘之路上，有一个很少被人注意到的问题是：他为什么穿越帕米尔回到中国？

他曾经对一个至关重要的人许诺，要在回国的路上为他停留三年来弘法。这个人就是为玄奘西行提供了重要帮助的高昌王麴文泰。玄奘本可以通过海路更为迅捷地返回大唐，但他为了完成这个诺言，选择了陆上最近的一条路，历尽艰辛穿越帕米尔回到塔里木盆地。然而，当他走出帕米尔时，获得的一条信息令他始料未及，并且遗憾终生——高昌国在战争中为大唐所灭，那个给过他巨大帮助的高昌王已经不在世间。

从玄奘出发到返回大唐的19年时间里，世界屋脊帕米尔经历了另外一个深远的时代变化，但变化的并不是高原深处的道路，而是来自人们的选择：由于陆上道路战乱频繁，海上丝绸之路已经开始悄然取代陆上之路。

对于一条古老的道路来说，其衰落不是一时一事间完成的，直到13世纪，欧洲人依然要依靠马可·波罗的讲述来满足对东方的想象与好奇，然而距离西域更近的中国人却很少再留意与记载帕米尔的文化信息。历代战事留下的记录屈指可数，甚至只保留在口口相传的民族史诗中。20世纪，英国人斯坦因依靠《大唐西域记》进入新疆探险，并且获得了楼兰与敦煌文书等诸多重要发现之后，这一区域才随西域一同回到了人们的视野之中。

海洋因为其交通的便利，为道路提供了新的可能性。丝绸之路的生命力开始在海上延续与生发。但是，就像布罗代尔曾经讨论的地中海的衰落一样，16世纪，进入现代化前夕的欧洲商业革命使交通便利的地中海经济渐渐沉寂下来，交通便利性不再是决定区域繁荣的主要因素。当世界在近代化的路上翻开新的一页时，丝绸等古老的商品已经不是人们千百年来孜孜以求的物产，信息与文明的交流终将获得新的途径。

无论陆路还是海路，丝绸之路都已成为一个古老的神话。

生活在东帕米尔高原上的塔吉克人，是具有比较纯粹的欧罗巴人种特征的白种民族。他们有着高鼻深目、浓密而卷曲的睫毛，以及近似欧洲人的长相。千年以降，塔吉克人世世代代生活在东帕米尔高原，他们对帕米尔高原的经营历时最久，也最为成功。这个古老的民族以太阳和鹰为自然崇拜，辽阔高原的阳光里，只要鹰笛吹响，高鼻深目的塔吉克人就会跳起欢快的鹰舞，那是远古流传下来流淌在他们血脉里的符号　　供图_燕娅娅

## 时间的尺度

行走于古老的群山中，需要想象力来弥补那些不可能见到的景象。在通往阿富汗边境的卡拉其古河谷的草滩上，除了偶尔遇到羊群与牦牛，最常见到的是圆滚滚的旱獭，这种小狗般大小的肥胖动物神色安逸地坐在路边，并不惧怕偶尔经过的车辆。马可·波罗曾经见到的盘羊大约在更深处的山中，它们像马一样大，巨大的羊角盘旋在头侧，我曾见到塔吉克人家里放置着一个盘羊的头骨，羊角盘旋数圈，像一个原始的天神形象。偶尔有小孩站在路边，捧着尚挂着冰碴儿的雪莲售卖，这种只在雪线以上开放的神奇花朵，孩子们要在山上攀缘几个小时才能找到。

人们行走了几千年的道路，周边仍然是一片洪荒之地的山川景象。沿途每一个山谷都样貌迥异，甚至并肩的两座山峰，它们的质地与风化方式都不一样，我们无法想象这些山的年龄与际遇。即使所有的景象都在表达着永无休止的变化，古老的群山与塔吉克人的生活也不在一个时间尺度中，古老的帕米尔与风起云涌的世界文明也不在一个时间尺度中。

在高原上遇到的孩子们，对外来者总是一见如故，他们邀请我们一起跳舞，熟练地介绍着他们的家人与风俗，并且打探着外面世界的信息。

会有越来越多的孩子外出求学、离开故地，他们融入新世界的速度比老辈要迅速得多，他们将背负着自己的命运，为帕米尔高原带来新的时间尺度，就像每一座古老的山峰所经历的变化一样。

塔什库尔干河在驶出河谷时会经过一个小村庄，名叫曲什曼，村庄的远处有一片人迹罕至的高地，这是一处遗址，2500多年前的人们用无数黑色与白色的鹅卵石在高地上铺就了巨大的黑白条纹，并在其间埋葬着令人无法猜测身份的人。考古学家在发掘这片墓冢时，发现了木质火坛，他们根据火坛与黑白条纹推测，这是一处具有仪式作用的拜火教遗址。拜火教曾席卷中亚地区，而这一处高地是人们已发现的最古老的遗迹。

我来到这一片高地时，黑白鹅卵石仍然像2500多年前一样，坦坦荡荡地裸露在山峰与河流之间，面对着帕米尔的天空。这一处遗址所表达的精神含义曾经笼罩与统治过这片高原，如今已经不再为人们所知，它的消逝，如同时间消失在时间之中。

在这片高地上，我向人们的精神所走过的道路致以敬意。

帕米尔高原上的孩子们，对外来者充满了好奇和亲昵，他们会拉着远道而来的客人一起跳舞，介绍家乡的风俗，并打探外面世界的信息。会有越来越多的孩子外出求学、离开故地，他们融入新世界的速度比老辈要迅速得多，他们将背负着自己的命运，为帕米尔高原带来新的时间尺度　供图_燕娅娅（左图）

# 塔吉克猜想，从何而来的文化底色

撰文 刘湘晨 摄影 包迪 等

摄影_叶金

塔吉克人创造了璀璨的帕米尔高原文化。其中，既有原来文化背景的横向迁移，并根据当地情境重新整合，如发达的农耕技术、东伊朗、波斯语和太阳崇拜，也有基于本地环境渐渐形成的文化识读与选择。最为奇妙的是，在这种文化的形塑中，帕米尔高原独特的地缘环境成为文化样式选择最终极的原因，使得每一个细节与构成，都充分地显示出与别处截然不同的秉性与特色。

## 谁是帕米尔高原的原住民？

帕米尔高原众山纠葛，乔戈里峰、慕士塔格峰、公格尔峰、公格尔九别峰……都在海拔7000米以上。视线随便撞到的一座名不见经传的山，海拔也在4000米以上。以山脊线为视点水平扫过，帕米尔高原基本上不适宜人类生存。只有众山夹持的或宽或窄的沟谷，为人类、草木、动物和放养的牲畜留下了生存空间。

如此不适宜生存的严苛的自然环境，容易引发一种追根溯源的思考：人类在帕米尔高原的始居者是谁，始居年代又是何时？

让人惊愕的是，在塔什库尔干河谷吉日尕勒发现的旧石器时代古人类的一处烧火遗址，距今12000年至8000年，这是至今我们所知有关帕米尔高原人类最早的点滴信息。没有确切资料可供参考，无法判断帕米尔高原始居者的类型与族属，他们可是帕米尔高原最早的原住民？有人据此推断出最极致的想象：与非洲大陆、苗岭山地与羌彝文化带一样，帕米尔高原同样是有着人类文明起源诸多隐秘的一个地方。

据学者们判断，约公元前2000年左右，里海沿岸操印欧语系的原始印度－伊朗部族的一部分迁居帕米尔高原以及疏勒、于阗及龟兹地区，该部族更早的原居地在辽阔的东欧草原，多数西方学者将这一种族集团称为“雅利安人”，在公元前后的中国史料中较多称之为“塞种”。他们与本地原始居民融合形成了这一地区的基本种族形态。公元6、7世纪突厥王朝的西征使这一地区的雅利安人——以原始印度－伊朗种族为基本形态的族群开始了突厥化进程。9世纪，回鹘西迁此地并与本土族群融合形成了后来维吾尔族的一部分，而留驻帕米尔高原的这一族群没有受到突厥化进程的影响，成为后来的塔吉克族。

公元前2000年，最终抵达帕米尔高原的印欧语系原始印度－伊朗部族，已是这个横跨欧亚大地伟大种族的“强弩之末”。公元2世纪，他们建立了主要以帕米尔高原为核心区域的朅盘陁国，创造了以“帕尔哈德－西琳渠”为标志的发达的灌溉农业。其边界向东最远抵达如今的和田、莎车一带。后来，塔克拉玛干沙漠南缘陆续挖掘出一批古墓葬遗址，出土的干尸充分表现出白种人的特点，一度让人困惑，无法解读。有人认为，实际上，这就是如今塔吉克族的先祖。

可以肯定的是，旧石器与新石器时期居住于此的先民，无疑是帕米尔高原的始居者。但依托帕米尔高原经营最久、最为成功的，却是塔吉克人。

塔吉克人创造了璀璨的帕米尔高原文化。其中，既有原来文化背景的横向迁移，并根据当地情境重新整合，如发达的农耕技术、东伊朗－波斯语和太阳崇拜；也有基于本地环境渐渐形成的文化识读与选择。最为奇妙的是，在这种文化的形塑中，帕米尔高原独特的地缘环境成为文化样式选择最终极的原因，使得每一个细节与构成，都充分地显示出与别处截然不同的秉性与特色。

## 严苛环境中如何生存？

帕米尔高原最早的先民们，他们面对的生存环境，与今天塔吉克人所在的环境、所承受的生态水准是同样的吗？

里海沿岸的地理环境平坦辽阔，给水充足，原始印度－伊朗部族东迁帕米尔高原之后，最大的变化就是气候与地理环境的悬殊。

帕米尔高原自然环境严酷，高原山地终年积雪，反射冬日阳光的岩壁冰冷如剑，无数荒山因得不到水分滋养而赤裸无蔽　　摄影_汗斯

帕米尔高原所在的地理位置，为欧、亚、非三个大陆夹持的地理极致与中心。这一中心区位被重叠的大山任意切割，成为大小悬殊的碎片零乱分布。即使是河谷地带，沿岸的河畔台地也会被肆意流淌的河水冲毁并不断被重新塑造。这样的条件，显然不适宜大面积的农业耕作。就是在今天，随意走进帕米尔高原东部边缘的塔吉克人家，几乎每一家都只有几块薄地，而且相距遥远，落差大。在帕米尔高原，太阳之下满目苍凉，白的是终年不化的积雪，连绵不尽的苍黄是寸草不生的裸山，这里乱石横陈，想辟出一块地并不容易；加之土地资源本身稀缺，总量严重不足，气候条件恶劣，农业规模受到限制。棕榈、橄榄、椰枣和蜜瓜无法生长，只有低产的小麦、青稞和少量豌豆出产。由此，塔吉克人必须接受他们先天无法回避的一种地理规定性：单纯的农业发展很难维持人口繁衍之需，必须有另外的支撑条件才能保证最起码的生存可能。

进入塔什库尔干河谷，塔里木盆地南缘寻常的杨树和果木很难在这里生长。海拔再拔升200米，作为高原植被系统骨干支撑的沙棘和红柳也不能生长了，高棵植被的海拔极限之上即是帕米尔高原的牧草植被带，上下宽幅超过1500米，一直延续到接近海拔5000米上下。这些高原牧草，生命力强韧，几块砾石的缝隙中有一撮土就能长出一丛绒绿，为牧羊和牦牛提供了最重要的富含极高营养的食草。

但是，帕米尔高原山地的总体裸露面积更为广大：终年积雪，能够反射冬日阳光、冰冷如剑的岩壁，无数因得不到水分滋养而赤裸无蔽的荒山秃岭，每一条沟谷中因山体不断

塔吉克族麻扎（即墓地）的壁画上，随处可见太阳的图案。几千年来，塔吉克人对太阳的崇拜从未改变。雪季的长短、草情的好坏、畜群的大小、一家人日子的安泰顺心，一切的终极原因，都与太阳相关，并形成了专门的仪式、节日和图腾　摄影_刘玉生

坍塌形成的砾石堆积……

同可耕地的零落分布一样，帕米尔高原稀有的植被被肢解，相互隔绝，难以拼接。这使得高原草甸的载畜量十分有限；转场的频率高、线路长，在实行机械化转场前，最远的牧场要辗转迁徙15天以上，这是帕米尔高原居民所能承受的耗时最长、行经路程最远的转场线路；加上季节性因素造成草情短，决定了帕米尔高原的畜牧业仅能维持极低的驯养水平，而很难形成规模化的发展与产业前景。

这种情景，与塔里木盆地各大绿洲间维吾尔族的生存状态不同，不是因为帕米尔相对优越的自然条件提供了多样选择的自由，而是单纯农耕或放牧都存在着先天不足，才会形成两者难以独立支撑，唯有互补兼营才能维持生存的这样一种生产方式。

塔吉克人的生存环境、高海拔和遥远的距离，都使得它成为一个相对独立的系统，农耕的收获可以自足，牧业的延续成为必不可少的补充与调剂，这种农牧兼辅的生存格局完全是由帕米尔高原独特的自然环境所决定的。

近于严酷的自然环境，对人类生存层面的影响及文明的形成带有极强的抑制性，比如，这决定了帕米尔高原相对单调的物产——包括物产的类型与总量。数千年间，帕米尔高原塔吉克人始终处于欧亚非大陆“国际大通道”的过往区间，这个特殊的地利之便使他们拥有与各个种族与文化融汇的天然机

1976年塔什库尔干县香宝宝墓葬出土的羊角形铜饰件和镂空铜牌，距今约2500年　　摄影_刘玉生（上左四图）

塔什库尔干县下坂地墓葬出土的陶束颈罐，距今约3000年　　摄影_刘玉生（上中）

塔什库尔干县提孜那甫乡曲曼村吉尔赞喀勒黑白石条古墓群出土的木质火坛，体现拜火教的文化内涵，距今约2500年　　摄影_刘玉生（上右）

塔什库尔干石头城出土的陶羊，通高9.4厘米，长14.4厘米　　摄影_刘玉生（下）

吉尔赞喀勒黑白石条古墓群的发掘现场。其标志性特征是地表的黑白石条，让人联想到太阳放射的光芒。据研究，古墓群距今约2500年，是亚欧大陆范围内发现的最早的拜火教遗址，为拜火教的亚洲起源说提供了依据

缘。然而，让人意外是的，帕米尔高原塔吉克人数千年保持着依然故我的本色，很少改变。

因为帕米尔高原物产总量有限、种类单调，丝毫不具备与别处对等交流的规模与吸引力。加之没有阿尔泰山脉盛产的黄金，没有昆仑山中部源源不断开掘与出产的高品质玉石，这种交流始终是单向度的，只有对遥远平原源源不断的需求，平原与谷地对它却没有最起码的需求，这就形成了塔吉克人延续数千年的寂寞与清冷。

## 几千年来，他们对太阳的崇拜从未改变

在东部帕米尔高原，能看到塔吉克人的多种

崇拜对象：太阳、火、鹰、冰山、柏树、泉水、岩石……

若以伊斯兰教为唯一参照，东部帕米尔高原塔吉克人的所有文化行为与创造庞杂而不系统，很难理出眉目。还原塔吉克人本来的生存环境，以他们生存之所需为出发点，才能于纷繁复杂之中理清脉络，找到与文化一一对应的关系。

帕米尔高原最重要的地理现实是什么？从最近的地理事件以来，帕米尔高原的地理环境一直没有改变，遗留至今：山脉连绵的基本地理构成、超过极限的海拔高度、高山缺氧、相对单调的物产——基本的地理构成，是帕米尔高原文化源流产生并不断被修正的最重要的依据。

帕米尔高原，是塔吉克人始终无法回避、无法置换的生存现实，不曾改变。它的严苛、它的无常、它的赐予与剥夺、它的亲近与冷酷……多样貌的高原，多样的神性显示与赋予，都在描述高原为诸神所有，被多种神意所左右。这个时期，大致是人类共同经历的早期朦胧意识时期，没有理性的认识与判断，更多本能对自然的感应。多种神性的存在正是帕米尔高原本身多样性的折射。

帕米尔高原早期人类的原始崇拜，有一种参照存在：根据对自身生存的影响而决定诸神与自己的距离与排列。而占据整个序列最重要位置的是——太阳。

雪季的长短、草情的好坏、畜群的大小、羊毛或酥油的多少，一家人日子的安泰顺心，一切的终极原因，都与太阳相关。由此，形成专门的仪式、节日和图腾。肖贡巴哈尔节是塔吉克人的春节，其产生的年代远早于伊斯兰教的传入。节日伊始，最抢眼的仪式是用耕牛拖着犁在门前犁一个大圆，塔吉克人把它视作太阳。

塔吉克人几乎无处不用火，火被认为是太阳的直接指代。婚礼、葬礼、节日或畜群转场、驱凶避邪、祈禧降福，在塔吉克人所有重要的场景中，火都会被反复使用。

帕米尔高原特殊的地理环境，给予塔吉克人最重要的启发，就是明确了太阳或火之于生存的特殊意义：须臾不能离开、不可或缺。由此，决定了塔吉克所有文化的根基。

在东部帕米尔高原，以太阳崇拜为代表的早期图腾意识，决定了后来拜火教的产生及影响，在整个历史中延续的时间相对最长且影响久远，一直到今天，依然是影响人们行为与心理最重要的文化因素。

## 文化脉络，在亚欧大陆间移动

2013年，东部帕米尔高原最重要的考古发现，是由中国社会科学院巫新华博士主持的吉尔赞喀勒黑白石条古墓群的发掘。发掘地位于塔什库尔干河谷的最北端，东、西两边被大山环卫，整个墓地为宽大谷地之中隆起的一个台地，东侧是塔什库尔干河被分成数脉的蜿蜒流水和由河脉延伸出来的数片漫滩草甸。这个地形、地势，就是以今天的眼界

河畔的草滩成了天然晒衣场。在帕米尔高原，即使是河谷地带，沿岸的河畔台地也会被肆意流淌的河水冲毁并不断被重新塑造。这样的条件显然不适宜大面积的农业耕作　　摄影_高嵩（右上）

夏末秋初，塔吉克人要在牧场上打草，作为冬天牲畜过冬的口粮（右下）

塔吉克人养马，一是为了叼羊，二是为了社交礼仪用途，绝少用以劳作。通常在婚礼、节日等喜庆的日子里，会开展骑马叼羊这项塔吉克男子传统的体育竞技活动　　摄影_小强先森

塔吉克族传统的民族节日皮里克节，即“灯节”，主妇们将浸油的棉花缠在干草棍上做成油烛，用来避邪祈福、追祭亡灵。火被认为是太阳的直接指代，婚礼、葬礼、节日或畜群转场，在塔吉克人所有重要的场景中，火都会被反复使用　　摄影_刘湘晨

风雪高原中，家的温暖更多来自女人。塔吉克女人对帕米尔高原所能奉献的一切，使生命的延续有了依据

牦牛叼羊是塔吉克族独有的传统体育竞技活动，与骑马叼羊比速度不同，牦牛叼羊拼的是胆量，牦牛比马凶悍，性情暴烈，难以驯服。当最优秀的骑手驾着牦牛在荒野上腾起弥天的烟尘时，整个高原都沸腾了　　摄影_吴穹

来看，也是一个祭坛或祭祀场天然的最佳选址。

古墓葬的标志性特征是地表的黑白石条，以个体均匀的黑石头和白石头在地表铺成宽条状间隔分布，自然让人联想到太阳放射的光芒。墓葬之内，不是单体墓葬，而是包含有多名女性与儿童在内的合葬墓，由美国贝塔实验室分析得出，保守的墓葬年代数据距今约2500年，为亚欧大陆范围内首次发现最早的拜火教遗址，为拜火教的亚洲起源说提供了依据。

塔吉克人迁徙帕米尔高原，于公元2世纪建立了朅盘陁国，这个墓葬的发掘至少为我们今天揣想公元前500年至公元2世纪近700年间的历史提供了一个凭据。只是，还没有相关的史籍来证明这是一个什么时期，是什么人的国家与制度，什么样的文明样式……

可以明确的是，这是一种非常成熟的文化形态，文化意识清晰，有明确的规制与意图，不经过漫长的过程不可能形成。

由吉尔赞喀勒黑白石条古墓群的构成来看，这不是随便什么人都可葬的乱坟岗，而是精心选择的一个贵族或皇族墓地，逐一入葬，积多年才能形成，随葬的铜镜、铜镯都是特定身份的直接证明。另一个非常突出的特点，是地表铺排的那些黑白石头，不是偶尔随性所为，显然具有明确的动机、意图和所要实现的目的；祭葬的人，也不可能是个体或少数人，而是更高级别的社群组织或国家。如此规模的工程，对拜火教礼仪的全面遵奉，基本上可以勾勒出那个时代的文化风貌。

能不能据此推断：拜火教最早由中亚—帕米尔山地产生呢？

有一个基本事实不容忽略：公元前500年，这个时间已在东伊朗语族的雅利安人迁居帕米尔高原1500年之后，他们原有文化背景的影响会怎样？基于本地环境逐渐建立的认知系统是不是已经完善？

古墓群还有两个明显的特征，能够作为原有文化背景“横向移动”的佐证。

一是被埋葬的人没有一具完整的尸骨，说明为典型的二次葬，由狗或鹰剔去肉，再收拢骨殖合葬。随葬中，还有一只鹰的头骨。抛尸弃野，再经收敛入葬，是人类早期社会的共同做法，源于最初的麻扎崇拜，一抛一收之间体现着非常明确的文化意识。这是原有文化背景的延续，还是出于本地因素的选择呢？

二是墓葬中出土了一个木制的炭火装置。说明自公元前500年到今天的文化延续，流脉绵长，一直没有间断。塔吉克人对火小心伺服，避祸消灾。最重要的用途是照明，伴随终生，为逝者远行的路驱散黑暗。让人不解的是，炭火装置所用的器具都是木头材质，而非帕米尔高原随处可见的石头，说明原有文化背景的横向移动还没有完成本地化，也说明原有文化的影响力依然十分强大，一直影响到塔吉克人后来的审美判断与选择。

无论是二次葬的入殓方式，还是供火专用装置所采用的木料，都说明这种文化很有可能是原有文化背景的横向移动。

这种原有文化背景的横向移动，特指不是产生于本地的文化与现象，而是原属文化的移入，与公元前2000年雅利安人自里海北侵的历史有关。

在如今东部帕米尔高原边缘的札莱甫相河谷，依旧保留着纯粹以太阳运行为基础的四季轮转的划分，每个季节转换之际，会有相应的仪式。同样的传统，塔什库尔干河谷的其他地方却没有。塔吉克斯坦与东部帕米尔高原塔吉克人同宗同源，也没有这种习俗。

然而，相似的习俗却见于两河流域的伊朗，原因是两地都采用古波斯历法，才会形成相同的习俗。两地遥远的距离，自然让人联想一条文化流经的脉络源远流长。

反向思维的佐证，是东部帕米尔高原随处可见的石头房子与塔吉克人对石头的多种使用方式，譬如，他们至今用石头碾压杏仁放在奶茶中或碾碎干牛粪来包裹新出生的婴儿。

对本地因素的关注与采用，是本地文化成熟和外来移入文化完成本地化过程的标志。由此可以推断，原属黑海沿岸东欧大地的原始印度－伊朗族群，在迁入东部帕米尔高原之后，原有“太阳崇拜”的内容被强化，原有的形式和使用的材料还没有完成本地化。不过，需要说明的是，上述这个判断还没有任何考古发掘的证明。

东部帕米尔高原的特殊地理环境，使古老的太阳崇拜成为今天塔吉克人文化、意识与心理抹不去的底色，始终未变。这种文化的延流，在全世界都极为罕见。

## 地缘环境，文化产生和构成的“底线”

在整个东部帕米尔高原，慕士塔格峰是名气最大的，被称作“山父”。年迈的吾守尔・尼牙孜老人世居在札莱甫相河谷的热斯喀木村，有一天看着他家乡远处的大山，用他融汇了一生沧桑的声音叹了一声：“慕士塔格……”

吾守尔・尼牙孜老人看的那座山常年积雪累垛，是他家乡数百平方千米区间最高的一座山，被当地人以相同的地名冠以“托库孜布拉克”峰。

那一刻，让我明白，塔吉克人的“山父”并不是只有一座慕士塔格峰，凡在他们居住的地方，每一个地方的最高山都被称作“山父”，明显能看出这不是一种自然构成，而是一种心理需求。在每一个塔吉克人聚居区，他们都会受到一座“山父”的庇护。

在东部帕米尔高原，自然的、先天的地理因素，依然是影响心理与文化构成最重要的原因。所有外来文化进入这个系统，都会依据生存环境的先天极限与“规定”适时做出调整，最突出的特点就是尽最大可能地吸收、融合源于本地的认知与体验；而本地的认知系统，不管被融化到一种什么状态，最后以什么样的样貌表现，其最本质的属性丝毫不会改变。这就是东部帕米尔高原所形成的、所“经过”的所有文化，这些文化都无可选择地与本地地缘环境相对应，以及与基于地缘环境建立的本地认知系统相对应，由此形成不同的见解与阐释，形成不同的气质与特点。

在东部帕米尔高原，特殊的地理构成与环境，是所有认知与体验的基础，同时，也是最强大的“原则”与“依据”，所有文化的产生与构成无不与此相对应，以此为不可违背的“底线”。它的所在、本色与影响，即使经过数千年的时间演绎，即使会有多种多样的呈现方式，你依然一眼就能看出来。

『在西高峰的近旁，有一具已经风干冻僵的豹子的尸体。豹子到这么高寒的地方来寻找什么，没有人做过解释。』海明威在《乞力马扎罗的雪》中说的这座山，海拔5890多米，是非洲最高点。豹子在这里出现对他而言是一件神秘且不可思议的事情，但在另一处苦寒地，人们发现了人类和各种动物的遗体，它位于新疆，东帕米尔高原喀喇昆仑山深处的桑珠达坂。

这些生物为什么来到这么高、这么冷的地方？

这里巨大的垂直落差，造就了其丰富的植被分布，犹如四季在眼前同时展开。时间中的人类演化，也在这儿保存和展现开来。从骑着摩托放牧的蒙古族，到徒步吟唱史诗的塔吉克族，世界各大文明的人类，为什么都来到这里，并相互融洽地数千年共生于此？

## 荒凉之地必有坚韧之心

候鸟也许是最早穿越帕米尔的生物，这些伶俐的生物腾起翅膀，身下的大地尽收眼底：河水枯涨、地壳抬升、雪线退化、巨石翻滚……它们与最古老的岩石分享着关于这个地区大部分的记忆。

印度的一种小型莺类，会在夏天摇摇晃晃地飞过喀喇昆仑山，经塔什库尔干塔吉克自治县飞往内地。这种弱小的生命，能在严寒中飞越300千米人迹罕至的荒凉地带，简直是一个奇迹。要知道，为了翻越这些高山，它们大部分时候必须在海拔6000米以上处飞翔，而通常认为它们在这个高度活动会被冻死，或者因疲劳、缺氧而死。

优雅的黑鹳也是高原常客。中国科学院新疆生态与地理研究所研究员马鸣在《新疆候鸟的迁徙之谜》一文中，记载过捷克鸟类学家策划的一项卫星追踪项目。2002年，他们为三只黑鹳挎上PTT（一键通）卫星无线电发射器，并将它们命名为“皮特”“罗马”“凯特琳娜”，于西伯利亚放飞。两个月后，“皮特”在阿富汗喀布尔附近失踪；“罗马”也在飞往巴基斯坦的途中失去信号；而“凯特琳娜”几次穿越昆仑山与喀喇昆仑山的尝试均告失败。12月，当南疆气温降至零摄氏度时，“凯特琳娜”最后一次向帕米尔发起挑战，聪明的鸟儿这次采取迂回战术，沿着叶尔羌河进入塔什库尔干地区，从海拔较低的红其拉甫山口出境，最后抵达南伽峰地区。一路越过了海拔7509米的慕士塔格峰、7649米的公格尔峰，以及世界第二高峰乔戈里峰。

而东帕米尔高原关于人类最古老的记忆，存放在塔什库尔干河谷，吉日尕勒遗址把时间框定在12000年至8000年以前。万年之后，距离古人类燃起篝火之处200多米，来自中国的僧人宋云、玄奘先后踏上了一条被后世称为“丝绸之路”的西去之路，之后又有马可·波罗自西面而来。他们是否在此更换过疲劳的坐骑，我们不得而知，但他们一定在这里邂逅过一个古老的民族。这个民族的人有着高挺的鼻梁、蓝色的眼睛和白皙的皮肤，使用着一种难解的伊朗语。他们是高原塔吉克族，是除了柯尔克孜族外，中国新疆漫长的边境线上离极高山最近的民族。他们为自己选择的家园极度缺氧，有难以逾越的高山，夏冬飞雪，道阻且长，不宜农耕，鲜有优良牧场，几乎是生命禁区。直到100年以前，从这里通往阿富汗的南瓦根基达坂，沿途仍可看到商人丢弃的钱粮、气绝而亡的鸟类，甚至劳累致死的马匹、骡子、体形硕大的骆驼。

但是，荒凉之地必有坚韧之心。

## 孤绝凄苦的伟大孔道

飞鸟坠落于印度河上游北岸，如今巴基斯坦吉尔吉特－巴尔蒂斯坦省霍独尔镇附近的荒凉乱石堆中，1000多年前途经此处的旅人在大石块上绘下的佛像和窣堵坡（僧人的墓葬堆）至今分明。

在巴基斯坦东北部的奇拉斯地区，印度河南岸的夏提欧遗址保存的550条粟特语石刻“留言”中，有一条来自1400年前的石刻语言信息，一位叫娜娜盘陀的胡人将热切的目

群山苍茫，冰湖清冽，行路至此，一切身心苦楚似乎都会在瞬间烟消云散　　摄影_包迪（右上）

牧民赶着牛羊转场途中　　摄影_包迪（右下）

塔吉克人似乎一早就学会了用族群的温暖抵御高原的酷寒。家长制大家庭是塔吉克族社会重要的组成细胞，家族成员共同生活、劳动、接受教育，人与人之间相互紧密依存，这是族群得以繁衍生息最有力，甚至是唯一的保证　摄影_叶金

光投向位于东帕米尔的塔什库尔干，他怀着几乎绝望的心情祈求神灵保佑，希望尽快在中国的土地上见到他健康快乐的兄弟。

除了这种粟特人使用的东伊朗语，在此还能找到藏语、汉语、波斯语的“留言记录”，而最新的一条用希伯来语写成——犹太商人也未缺席这古代最繁盛的国际贸易。

当夏季第一缕阳光打在远处的冰山上，对上帝的颂扬声、佛教僧人的诵经声、伊斯兰教信徒的吟唱声此起彼伏，地球上三大宗教最虔诚的信仰之心于帕米尔高原上升起，连高高在上的神都无法不为之动容，他们将望向众生祈请的塔什库尔干，那座流传着“汉日天种”传说的古老城邦。

塔什库尔干以这样的方式进入现代丝绸之路研究者的视野，但对于真正的行路者它有更生动的意义：它是他们从西向东翻越高原后进入绿洲前最大最便捷的物资补给地——留宿歇脚、小额贸易、补充物资、更换坐骑、寻途问路都能在此解决。

通向此地的路是一条孤绝凄苦的路。

从夏提欧遗址（即今巴控克什米尔地区）通往中国境内塔什库尔干地区的古代商路，如今已被喀喇昆仑公路取代。在此之前，旅人东行迎面而来的第一道天险是山岩奇险、巨峰拱列的喀喇昆仑山脉，海拔8611米的乔戈里峰联手8051米高的布洛阿特峰、8068米高的加舒尔布鲁木Ⅰ峰，竖起巨人般的屏障，截获了来自大西洋及印度洋高空的潮湿气流，粗粝狰狞的山体上部是晶莹剔透的冰雪王国，无数发育良好的冰川自山顶悬挂而下，形成庞大的天然水库，“万山之祖”帕米尔的另一个名字叫“万水之源”。

从卫星地图上俯视这片巨型山结，1000多个通行的山口全都伴生着蜿蜒的河流，如毛细血管一般呈网状四散开去，孤绝之地向全世界伸出试探性的触角，这里一度是中国、印度和希腊化的西亚早期文明交流的伟大孔道。

我和同伴在西昆仑山脉的砾石小道上前行时，迎面遇到一位骑着毛驴的塔吉克族老人，瘦小的毛驴还驮着面粉、蔬菜、馕及少许水果。这位似乎从天边一下子掉落到我们面前的骑驴人，使我一阵恍惚：千年前途经这里的丝路商人也是这样吗？他们驮着茶叶、罐子、铁锅、丝绸、大黄、生姜、麝香、肉桂，驮着波斯地毯、珊瑚珠、玉带铐、胡风银瓶、镶金银碗，以物换物，甚至金币、银元也领先于内地，在这里被使用。

## 用温暖抵御高原酷寒

4000多年以前，原本生活于里海北部、操印欧语系的雅利安人迁居帕米尔，并在此定居下来，开始了漫长的过渡与适应。

离太阳最近的部落被迫长年和冰雪做着斗争，但塔吉克人早早学会了用族群的温暖抵御高原的酷寒，往日的动荡与繁盛未能改变他们分毫。

从塔什库尔干县城到马尔洋乡的途中路过瓦恰乡，衣着鲜艳的塔吉克女子穿行于翠绿色的青稞地中，金黄色的向日葵后方是塔吉克人古老的石头房，饲养的牛就拴在门前的铁钉下。主人很少在家，大树掩映的房门从不上锁，轻轻一推便是全家的卧房。主人很快从牧场回来了，他并不觉得远道而来的人走进家里有何唐突，而是露出灿烂的笑容，并端上热气腾腾的奶茶。

塔吉克人的微笑一定是世界上最动人的风景。10岁的塔吉克小姑娘，披着红色的头纱，穿着白色的衣服，站在青稞地里，笑成一幅绝美的肖像画。行路至此见此景，一切身心苦楚都会在瞬间烟消云散。

苍莽西昆仑的岩壁直插云霄，像一条钢铁臂膀将马尔洋乡搂入怀中，马尔洋河蒸腾的水汽凝在空中，这里的谷底温暖湿润，抬头望去，杏子树上果实累累。但如果继续往前，翻越海拔4500米的马尔洋达坂，山脚下的那幅田园画作便立即被撕得粉碎，主导权重新交归大自然，牧人们必须像先民一样，孤独地伫立风中，经受蚀骨严寒。

夏季的8月，马尔洋达坂大雪飞扬。旅人要加紧赶路，否则大雪会令车胎打滑，河水也会无情地上涨，滚落的巨石将砸毁原本脆弱的路段，整个马尔洋将难以躲避“失联”的命运。

最终，我们赶到马尔洋乡的努西墩村。高中毕业、30岁出头的塔吉克族女乡长带我们挨家挨户探访。但她看起来不像是在工作，倒像是随便去亲戚家串个门儿。这里有使用了100多年的塔吉克传统民居“蓝盖力”，天窗周围四根大柱将灶台围起，天光和火光将烧饭的女主人照得特别明媚，周围就是土炕，所有人一天的生活都从这里开始。夜晚，将堆在墙角的被子铺好，就成了温暖的床。得知我们想要借宿，乡长和主人显得异常兴奋。远道而来的异乡人并不多，这场没有事先安排的到访，对他们来说，如河水重新漫过干枯河床的意外之喜。

女乡长与女主人高高兴兴地准备起晚餐，除了馕和奶茶，他们特地按照我们的口味做了汤饭，面粉结结实实揉成团，一点点掐成指甲盖儿大小，又往锅里加了土豆，一锅改良版大西北疙瘩汤一登场，就被风卷残云般吃得精光。饭罢，女主人面有难色，低声絮叨，乡长转告我们，她为没能给我们宰上一头羊吃心里难过。

他们想为几个突然拜访的客人宰杀珍贵的牲畜，这让我们大受感动。

东帕米尔高原的塔吉克人，他们的土地并不丰产，却将大把面粉用来待客、过节；他们天生向往太阳的光芒，但似乎有一种神奇的力量阻止他们继续东迁；他们信奉伊斯兰教，却在骨子里隐藏着对原始宗教的皈依；他们浓黑茂密的眉毛宣告了与高加索地区的原始联系，其语言的流变却被封闭的帕米尔高原生硬地拦截……种种难以调和的矛盾最后神奇地造就了塔吉克人独特的面貌。

人类学家刘湘晨曾花费二十余年时间与塔吉克人共处，他将位于札莱甫相河谷的热斯喀木村作为典型的塔吉克族样本，留下了翔实的人类学影像资料。在他拍摄的纪录片里，一组简单的出殡镜头释放出的强大冲击力，令周遭一切黯然失色。在这里，一个小家庭的悲喜涟漪往往可以在一夜之间感染整个族群。

地理环境是这一切的根本动因吗?

提孜那甫乡，午饭后，小女孩在逗吃饱酣睡的猫。塔吉克人家中，经常能见猫与人同榻而眠（右上）

身着艳丽红裙的塔吉克族小女孩抱着自家的小羊。高原上的塔吉克人，对羊仿佛有种源自天性的亲近，牧民会亲吻羊羔，甚至会与羊合被而眠　　摄影_叶金（右下）

阿拉尔金草滩边上，牧民站在自家房子前，这里是他们的夏牧场。到了秋季，他们会赶着羊群和牲畜，转移到别的牧场去　　摄影_连姝凝

虽然面对极为严酷的生存环境，塔吉克人脸上却永远挂着最动人的笑容　　摄影_吴穹

## 特殊环境决定的生存状态

沿着盖孜河北上，我们辗转来到克孜勒苏柯尔克孜自治州的木吉乡寻找答案。木吉，“泥石奔流的地方”，从名字即可知道，此地坐落于一个地震带上。柯尔克孜语里，克孜勒是“红色”的意思，果然，克孜勒苏河的确是一条红色的河，克孜勒塔拉是红色的盆地，克孜勒库木是红色的沙漠……

从卫星地图上看，在中国极西之地这条红色条带尤其醒目，这里是天山山脉和昆仑山脉交会的地方，一路向东延展而去的红色脊线是造山运动的深刻标识。每一座山丘海拔都在6000米以上，每一座都只是数万亿年前欧亚大陆板块碰撞、挤压留下的一枚皱褶。散落山谷的碎石，也都被迫染上那次碰撞事件的记忆。就在18座雪山依次排开的地方，几座火山口的积水已深，从航拍图上看，它们斑驳如大地刚被灼伤。

至今，这片土地都没有停止抬升，火山口附近的河被矿物质染成五颜六色，地底想来地火奔突，而河流的水无时无刻不在翻滚。

如此严苛的地理条件让这里成为最晚一处用机械转场的地方。10年前，淳朴的柯尔克孜人沿袭古老的传统，用牦牛和马驮起所有生活物品，前往另外的牧场，规模最大时，上千头牦牛、上千匹骏马列阵而过。想象一下，几千头重量超过一吨的生物腾起黄沙奔跑而过的场面，声势之浩大大概不输一次大规模战争。

一场暴雨之后，雪山附近的草甸挂起一道双彩虹，穿过彩虹门，在草甸的另一边，我们捎上一位柯尔克孜族老人，并请他当我们的向导。从乌孜别里山口下撤时，我们遭遇了爆胎，几个人在海拔4000多米的山上手忙脚乱地修车，老人悄悄地离开了，我们谁都没有在意，以为老人累了，想要步行下山。但没多久，他高高的毡帽出现在很远的地方，缓慢地向我们靠近。他走到山下徒手搬来了几块大石头，悄悄垫在后轮的下方。他不懂汉语，我们不懂柯尔克孜语。他是我们沉默的向导，我们总是这样承受着这些乡民全部的好意，却无以为报。

行路至此，几乎可以肯定，是高原特殊的地理环境决定了塔吉克族、柯尔克孜族大体相同的生活状态，甚至民族性格——他们的豪放爽朗，他们的细腻热情，他们的爱与恨，他们的悲与喜。

回程驶上314国道已是北京时间夜晚8点，白沙湖显现出宁静的一面；依偎在慕士塔格峰脚下的喀拉库勒湖，则呈现出宝石般的色调和丝绸般的质感。慕士塔格峰下起大雪，一片积雨云飞向了山的另外一边。如果在山里大声呼喊，可能会造成滚石滑落、积雪崩塌，这是雪山回应旅人的方式。然而无论外界多么动荡，在帕米尔高原的“天空之城”永远都保有人类最为纯粹、平静的一面。

# 发现和探索，从未止步

撰文 刘雅婧　摄影 奚志农 野性中国 等

1298年，经马可·波罗口述，比萨人鲁思梯谦写下《马可·波罗游记》。其中一幕发生在东帕米尔：『……登之极高，致使人视其为世界最高之地……同野生绵羊。羊躯甚大，角长有六掌……此高原名称帕米尔。』华夏先民对这里敬畏有加，曾深信其已穷尽了世界的边野。

千百年来，探索者们并未因其高寒苦绝、路途艰险而胆怯，他们心怀各自的目标和志向，毅然踏上征途。最终，地理屏障被打破，使东西方世界向彼此伸出的试图接引的触角，得以在此相会。走得更远，站得更高，彼此了解共存，这些全人类共同的热望，在这里得以实现。

盘羊在帕米尔高原上行踪不定。它们头角峥嵘，行动机敏，出没于海拔3000～5000米的山坡和U形河谷。除了独自寻觅丰美的草场、躲避狼和雪豹的追击，它们也曾成群结队地偶遇风尘仆仆的发现者，比如19岁的马可·波罗。

1298年，经马可·波罗口述，比萨人鲁思梯谦写下《马可·波罗游记》。其中一幕发生在东帕米尔："……登之极高，致使人视其为世界最高之地……同野生绵羊。羊躯甚大，角长有六掌……此高原名称帕米尔。"

美丽的大角盘羊宛如高寒之地的神迹，引发了马可·波罗耗时17年的东方游历，尤其是中国游历中的第一个惊叹号。自此，天方夜谭式的胜景纷至沓来，西方世界对地理空间的认知拓展了近乎一倍。早期的世界地图、后来的地理大发现，都是伴生之物，贸易与殖民的野心一并潜滋暗长。

文艺复兴后的欧洲，有两条通往东方的贸易路线：始于埃及和伊拉克的海上路线；后来被称为"丝绸之路"的陆上路线。马可·波罗践行过的是后者：经地中海东岸或小亚细亚半岛、伊拉克、伊朗、阿富汗和巴基斯坦，到达塔格敦巴什帕米尔。

沿着古老商路，帕米尔高原可谓进入东方的第一道大门。东西方世界向彼此伸出试图接引的触角，就是在这里相会。五大山脉、三大水系、5座8000米以上的高峰，1000多个

塔什库尔干地区，一群马可·波罗盘羊奔过，尘土飞扬。马可·波罗盘羊是盘羊中体形最大的亚种，集中分布在中亚的帕米尔高原上，活动区域的平均海拔达3000米以上

山口，汇成一个心脏般的巨型山结——帕米尔高原。它与青藏高原一道隆起，把亚洲大陆有史可考的文明区域，分割为幅员辽阔的东亚、南亚、西亚和北亚。

## 古老的使者

曾几何时，分散的人类文明有如孤岛，为地理屏障所隔绝。其中的一障，便是帕米尔高原。

帕米尔由八帕组成。古波斯语中，帕即“屋顶”，通常指这样一种地理结构：中有河谷，四面环山，山顶覆雪，谷底藏沙。其中，萨雷阔勒岭以东为东帕米尔，水道蜿蜒，谷间宽阔，大小湿地和草甸散落其中。

信奉“天圆地方”的上古时代，那位活了105岁、驾八骏漫游的周穆王，是否真在“春山”找到过西王母之国，尚是一个未解之谜。但这里被《山海经·大荒西经》称为“天柱”的不周山，最早抵达的华夏先民对其敬畏有加，深信东帕米尔已穷尽了世界的边野。

今日，从喀什进入塔什库尔干塔吉克自治县最为艰难的一段，是险峻的盖孜峡谷。在海拔4000多米的苏巴什达坂，筋疲力尽的旅人将进行最后一次翻越，然后天宽地阔，眼前豁然开朗。南北走向的塔什库尔干河谷上耸立着石头城，傲然如世界中心。这里曾叫作“蒲犁”，地处丝绸之路南道，后被疏勒国兼并。

法显经行处
摄影_叶金

## 1. 张骞

汉代探险家张骞两次出使西域，汉代官方称之为“凿空”。汉武帝建元三年（公元前138年）至汉武帝元朔三年（公元前126年），张骞使经罗布泊、塔里木盆地，翻过今帕米尔高原地区，沿昆仑山北麓西行至大宛（今乌兹别克斯坦费尔干纳地区），又经康居国（今哈萨克斯坦东南部地区）到达大月氏统治地区（今阿富汗至乌兹别克斯坦一带）。

张骞出使西域图
摄影_张庆民

## 2.法显

晋安帝隆安三年（公元399年），高僧法显从长安出发，踏上求法之路。经跋涉到达著名佛国于阗国（塔里木盆地南，定都今和田地区）后，入葱岭山麓，到於麾国，又到达竭叉国。翻越过帕米尔后，游历了今巴基斯坦、印度地区，到狮子国（今斯里兰卡）访学，后循南海还国，全程历时十五年。

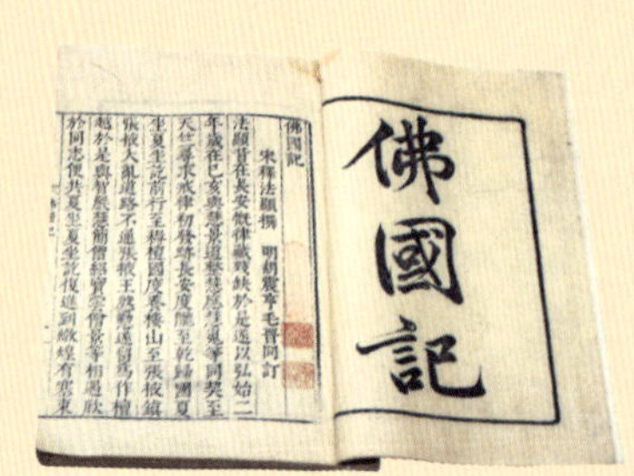


法显所著《佛国记》
摄影_刘朔

## 3. 宋云

北魏神龟元年（公元518年），宋云受朝廷委派，西行取经。从洛阳出发，取道青海入西域，进入今叶城县境内，接着到达汉盘陀国（约在今塔什库尔干塔吉克自治县）境内，经波斯国，翻越葱岭，最终到达那迦罗诃国的那竭城（今阿富汗贾拉拉巴德），正光三年（公元522年）返回洛阳。

玄奘负笈图
摄影_张庆民

## 4. 玄奘

唐贞观元年（公元627年），玄奘离开都城长安西行到达印度，学经求法十余年后回国弘法。回国时，他经今阿富汗，翻越葱岭（今帕米尔高原），经疏勒、于阗、敦煌进入河西走廊，返回长安，彼时已是贞观十九年（公元645年）。

## 5. T. E. 戈登

19世纪六七十年代，是英国探险家、科学家赴新疆地区探险、考察的高峰期。1873年，英国科学家戈登对帕米尔、叶尔羌、塔什库尔干地区进行了地理、动植物方面的探察，根据此次勘察著有《世界屋脊》一书。

## 6. 杜特雷依

1890年，法国探险家杜特雷依奉法国公共教育部之命率队前往新疆探察，队中包括科学家和东方学家格伦纳。

斯坦因

## 7. 海英、李源钠

清光绪年间，官方组织了对帕米尔高原的踏勘。时为喀什噶尔道官属的海英、李源钠奉命负责这次考察工作。这次探察从1891年7月起，历时两年，考察了萨雷阔勒岭、乌兹别里山口、瓦罕帕米尔的明铁盖达坂、喀喇昆仑山北坡、昆仑山西段、今红其拉甫山口等地，行程数万里，绘制了踏勘测绘地图。

斯坦因的队伍

## 8. 斯文·赫定

1894年，瑞典探险家斯文·赫定开始了他在新疆地区的大规模考察，他曾在中国西部游历、探险过八次，曾从喀什出发前往帕米尔高原进行考察。1894年，他第一次尝试攀登慕士塔格峰失败，后曾多次尝试登顶都没能成功。

## 9. 斯坦因

1906—1908年，斯坦因在大英博物馆、印度总督的支持下，带队进行了他对中国西北地区的第二次考察，途中越过兴都库什山、塔什库尔干地区到达喀什，再由喀什东进，到达新疆各地及敦煌。他率领的考察队绘制了所经地区的详细地图，发掘了大量的古本抄本。

## 10. 登山队

1956年，中国和苏联组成联合登山队，31名队员首次登顶慕士塔格峰成功；1959年，中国登山队33名队员登顶慕士塔格峰成功。

斯文·赫定

石头城一度躬逢盛世，迎送过最早的使者。公元前139年，外交家张骞肩负西汉天子的政治雄心，攀越东帕米尔的重重天险，试图“凿空”中原和西域，达成联合大月氏抗击匈奴的目的。

如今我们无从得知，他如何从塔里木盆地，沿高原东缘的峡谷溯河而上，翻越险峻的达坂，行至更远处的乌兹别克斯坦和阿富汗，但他两度通西域的脚步意外地在身后留下了两条常以丝绸作为大宗交易中介的商道：一南一北，都取道古代葱岭——而今的帕米尔高原，从中原通往西域。从此，建立在农耕基础上的中原文明，经由帕米尔高原一带的西域诸国，向西方世界缓慢地扩散。

然而西去之路道阻且长。200多年后，西域再度陷入匈奴的控制中，中西方贸易被切断。东汉使臣班超踏上了重振西域都护府之路，前往西域，合纵连横，苦心经营，确立了东汉王朝在西域和葱岭地区的势力范围，延及帕米尔以西50多个国家，收复了包括蒲犁国在内的西域各国的民心，丝路古道得以复活。

## 信仰的力量

帕米尔民谚：一二三雪封山，四五六雨淋头，七八九正好走，十冬腊月开头。

高原中的瓦罕走廊，8月末已开始有萧飒之意。走廊东侧入口——明铁盖达坂的东北方向，明铁盖河已进入涨水季，水声轰鸣，河谷上沿的公主堡遗址却一片静默。

这座凋敝的石头城堡，位于海拔4000多米的高山上，很可能在张骞、班超的时代业已存在。这里流传着“汉日天种”的美丽传说：中国公主本要远嫁波斯王子，途经塔什库尔干，却为太阳神诞下一个孩子，成为塔吉克人的先祖、朅盘陁国之王。

传奇背后，是中原文明和波斯文明在东帕米尔的密切交流，更是信仰力量的凸显。塔吉克人笃信自己是太阳之子，崇拜太阳和鹰。作为中亚、东亚和南亚文明的交流孔道，祆教、佛教和伊斯兰教都曾在东帕米尔流传。长达一千多年的时间里，这里一直是古道最艰难的一段。难以想象，那些操着伊朗语、汉语和梵语的信众如何穿过高寒苦绝的瓦罕走廊，翻上海拔4700多米的明铁盖达坂，或许只有信仰才能激发出如此大的精神力量。

一百多年前，那位叫马尔克·奥莱尔·斯坦因的英国博士抵达东帕米尔，也颇费了一番力气。他持一本《大唐西域记》按图索骥，爬上高高的卡孜库尔干山冈，先认出了公主堡，再向西逐步探寻，最后绘制出近代最早的、从公主堡通往瓦罕走廊的地形图。“波谜罗川位于两座雪山之间，一年四季风雪不歇，遍地碎石，草木稀少，没有人在这里居住，四山环抱之中有一块下陷之地，即使是炎热的夏天，也有很多风雪……”斯坦因在《西域考古记》中写道，玄奘求法归来，是取道小帕米尔湖所在的山谷。学者冯其庸则认为玄奘东归是取道明铁盖达坂进入中国境内，并于2005年在明铁盖达坂见证了“玄奘取经东归古道”纪念碑的揭幕。也有人持不同看法，2013年，复旦大学历史地理研究中心的学者们沿着玄奘东归的路线一一排查，得出结论，玄奘可能是沿着帕米尔河谷向东北行，到达大帕米尔（波谜罗川），经过萨雷库里湖（大龙池）向东南行，由排依克山口进入东帕米尔。

不论如何，东帕米尔的重重天险没能阻挡玄奘取经的决心。彼时，站在他背后的，是一个强盛的大唐王朝，拥有发达的农业手工业、繁荣的商贸、多元的文化和开放的外

俯瞰石头城。石头城位于塔什库尔干县城东北角，坐落在一处石冈上，扼古道要冲，踞险要形势。据考证，这座石头城便是我国古代史籍中所记载的朅盘陁王城，唐代的葱岭守捉亦设于此　摄影_李翔

交，在此之上，升华到对人类终极意义的追求。在《大唐西域记》中，他所记录的帕米尔也因此被后世“再度发现”。

世人皆知玄奘，却并不知道，关于帕米尔更早的文字记录，来自唐代的另一位高僧——法显。到达帕米尔高原时，法显已六十几岁高龄。他履艰涉险十多年，留下了中国古代关于中亚、印度、南洋第一部完整的旅行记述《佛国记》。相比玄奘的《大唐西域记》，法显在其中记载了更惊心动魄的个人体验，他眼中的帕米尔（葱岭）“冬夏有雪，又有毒龙，若失其意，则吐毒风、雨雪，飞沙砾石，遇此难者，万无一全”。其中，法显还记录了同伴过世时的悲痛心情，传教者之艰辛，可见一斑。

## 被侵入的屏障

1931年5月26日的《申报》记载：“北平通讯，英人斯坦因，前曾三次入新疆甘肃考察……学术界对此珍贵文物损失，至为惋惜……斯坦因业已阻回喀什，勒令出境，定于五月十八日由喀什取道蒲犁归国云。”

玄奘法师西去一千年后，斯坦因成为《大唐西域记》最大的受益者。这名“偷经大盗”自中学时代就向往未知的西域，后来在敦煌和新疆进行了四次中亚考古，直接造成了敦煌文物的流失，也做出过不容小觑的学术贡

特给乃奇克达坂，盘山公路。四月，夜里飘雪，前一天还满目荒凉的达坂一夜之间就银装素裹，云端之上，雪峰耸立　　摄影_小强先森

献。在战乱频仍的近代中国，很多伟大的考古发现，大多都源于像斯坦因这样的西方探险家。

斯坦因的出现并不是偶然，自蒙古帝国解体后，曾被打通的中西方世界一度分裂。但19世纪的两次工业革命深刻改变了世界，近代一百多年内，不只是东方世界，整个亚、非、拉世界都被强行纳入了西方殖民体系。

帕米尔的崇山峻岭再也挡不住西方世界的入侵。曾经被地理空间分割的文明，以阵痛的形式打破了边界，再以中心和边缘的关系开始了不对等的连接。“西方中心”之外，一切都变成了边缘。这样的背景下，身为一名伟大的东方发现者，斯坦因很难保持一名学者的纯粹。

## 离东帕米尔最近的外国人

不过，西方世界也有斯文·赫定和欧文·拉铁摩尔这样的特例。

1890年，斯文·赫定第一次来中国就抵达喀什；1894年，到达塔什库尔干地区，并在慕士塔格峰脚下居住了一小段时间。

几次中亚考古中，斯文·赫定都有所收获——发现了楼兰古国；填补了西藏版图上的大片空白；组建著名的1927年中瑞西北科学考察团，成为世界考古史上平等协作的一段佳话。当时，由于斯坦因等人的前事，中国学术界对于外国人考古十分抵制，斯文·赫定与中国学术代表团协议，组建中外联合考察团，采集和挖掘的一切动植物标本、文物、矿物质样品等，都是中国的财产。1933年，他受南京政府委托，勘测修建一条横贯中国大陆的交通动脉的可行性，后来的兰新铁路就是在这次考察的基础上修建起来的。

与斯坦因蔑视中国文物法规和主权不同，斯文·赫定坚守住了独立学者的立场，难得地淡化了西方中心色彩，用相对中立的态度看东方。

相比斯文·赫定，欧文·拉铁摩尔更是“中国通”，他的青少年时期就在中国生活，记者出身的拉铁摩尔，是为数不多了解国共内战时局，并亲近双方高层的欧美人士。在不带翻译的情况下，他游历了中国三大内陆边区——东北、内蒙古和新疆，进行扎实深入的田野调查，写下著名的《中国的亚洲内陆边疆》一书。

拉铁摩尔不只是“像中国人一样思考中国”，实际上，他走得更远——像亚洲人一样思考亚洲。他看到了华夏中心主义的不足，也看到了西方中心主义的傲慢。于是他忠实地还原了地理空间，并通过中原农业社会和草原游牧社会的比较，提出包括东帕米尔所在的边疆并非边缘，反而是亚洲的中心的观点。那些分布在沙漠边缘，被古老的丝路商道串联的绿洲，是西方几大定居文明——地中海世界的文明、伊朗文明和印度文明——与远东中国文明之间交流融合的重要连接点。

这是迄今为止，离东帕米尔最近的一个外国人。拉铁摩尔的深刻洞见，让探索东帕米尔的眼光更加平实，更加回归地理和社会的本质。而这样的结果，也正是东西方文明数千年来得以共存的前提。

千百年后，帕米尔玫瑰般的山结依旧矗立于此，守护着家园或远方——从始至终，这便是人类的全部热望。

# 喀喇昆仑公路，通往未来

撰文 刘雅婧
摄影 连姝凝 等

东帕米尔峰峦如聚，令人目不暇接的帕米尔之水一路奔突，劈砍出山脉的形状，也携来松软沙石，冲积出可供人类生息的肥沃河谷。

河流孕育生命。距今一万年左右，帕米尔以西的两河流域、美索不达米亚平原上就有原始农业出现。在自然地理中，河流如何为一条道路定位，可在《周礼》中初见端倪："司险掌九州之图，以周知其山林川泽之阻，而达其道路。"山川河流框定了人类早期的活动轨迹，所以早期的道路大多沿着河谷的走向。万古长夜的史前文明，先被火光照亮成形，又被道路牵引着向外扩散。

今日，来自喀什平原的旅人，只要不惧夏秋季泥石流的凶险，穿过V形的盖孜峡谷，沿着一条长达400多千米、与石壁盘旋共舞的公路，就能在持续攀高千米的海拔线上，进一步体味高原河流的阔大和激涌。这条公路的前方，是大湖连绵的布伦口、雪峰林立的苏巴什达坂。继续前行，到达塔什库尔干河谷，人类活动的痕迹才一一呈现：塔合曼湿地、阿拉尔金草滩和塔吉克族的定居点。

在中国密如蛛网的公路体系里，这条东西走向的陡峭道路，被标注为314号国道——曾经的起点在乌鲁木齐，终点为红其拉甫口岸，全长1948千米。后来，在中国和巴基斯坦合力修建下，历经十年，这条国道越过东帕米尔，向中亚腹地延伸。起于中国喀什，经红其拉甫达坂出境，止于巴基斯坦的塔科特的部分，全长1224千米。作为睦邻友好的产物，这1224千米的路段又被称为"中巴公路"。翻越"世界屋脊"帕米尔高原，横跨喀喇昆仑山脉、兴都库什山脉和喜马拉雅山脉，沿途经过21个冰川末端，中巴公路是迄今为止世界上平均海拔最高的国际公路，沿途还遍布着世界上地质结构最活跃、地壳抬升最迅速、地震活动最强烈、下切侵蚀最严重的地区。

根据中巴公路穿越的地理范围，它最初被称为"喀喇昆仑公路"。它和玻利维亚的北永加斯山路、太行山的郭亮隧道、菲律宾的哈尔斯玛公路等公路一起，因奇险而被人们熟知。但喀喇昆仑公路尤以高寒和绝美著称。

1979年底，喀喇昆仑公路全线贯通。在平均海拔4000多米的生命禁区，一条运输动脉被打通。

红其拉甫达坂上的公路。红其拉甫一年有四五个月的闭关期，十月，这里已下过多场雪，漫长的冬季已然开始　　摄影_小强先森

## 高寒艰险的国际公路

在中巴边界、红其拉甫界碑以东，喀喇昆仑公路的中国段长达400多千米，都是道班养护站工人的工作场所。

塔什库尔干塔吉克自治县。淅淅沥沥下着小雨的一个清晨，一辆检修车载着我和七位养路工人，摇摇晃晃地朝红其拉甫口岸的方向行驶。途中，在一处堆满石头的路口，他们停下来用铲子清理路面，新一天的工作开始了。除了清理积雪的路基，检查布满黑色贴缝带的路面，河南师傅闫永舟的日常工作，就是从早上7点开始，在这条400多千米的道路上来回巡查。大部分路段荒无人烟，无处进行补给，他通常会带上馕和水，以防遇到突发状况，要进行没日没夜的抢修。

“这是一条自然灾害和损坏频繁的公路。”塔什库尔干地区四季皆有降雪，不仅常出现因冰雪封路的情况，也给路基带来渗水的隐患，泥石流和塌方更是常态。近年来的气候变化，加剧了日常性养护的难度，灾难性维修甚至从一年三四次增加到七八次。闫永舟忘不了，2011年8月，布伦口北极高架桥的老桥附近出现了堰塞湖，水淹路段长达2000多米。养护工人们晚上9点接到任务，连夜带着两台挖掘机、一台装载机赶去，用车灯照明，挖开河道，推倒老桥，日夜施工，奋战了一个星期。

闫永舟在此工作了17年，印象中的大修，只有1984—1987年、2004—2007年两次，都是道路的拓宽。不过，相比50多年前血汗铸就的中巴公路工程，日常的养护工作显得很平淡，如今清理积雪不再需要人工，已经可以使用扫雪机。而在当年，“每几千米几乎都是用一条人命换来的”。在这条路上巡查了20年的养护站维吾尔族老班长艾尼瓦克里木，操着不甚流利的汉语，一句话道破了这条公路惊心动魄的过去。

从1968年开始，因巴基斯坦技术条件有限，难以在高原上完成巴基斯坦境内的公路施工，中国万名筑路队员奔赴巴基斯坦，先后开展中国援助巴基斯坦修筑巴境内公路的一、二、三期工程，在极端艰难的环境下，经受了高原缺氧、高温高寒、泥石流、塌方、洪水等一系列考验。据中巴公路筑路指挥兼政委王复华回忆：“洪水、泥石流，山高沟窄，水流湍急，土质疏松，地上挖一块石头塌下半个山……”1969年初，红其拉甫河谷发生大型雪崩，积雪堆积量多达数万立方米。同年7月，红其拉甫河上游暴发洪水，7座刚架好的便桥被冲毁6座……据统计，中巴公路前两期工程中，中方共牺牲了115人，其中93人死于意外事故，安葬在巴基斯坦的有83人。第三期工程牺牲了7人，其中有5人安葬在巴基斯坦。巴基斯坦老人阿里·马达德和他的后代，至今还在吉尔吉特守护着中国烈士墓园中的88位英魂，以纪念那段热血往事。

在喀喇昆仑公路塔什库尔干县段上，艾尼瓦克里木告诉我，附近原本有四个养护站——塔合曼乡、道班、红其拉甫和达布达尔乡——可供歇脚，如今已全部合并为道班养护站。年轻时，他曾在川藏公路的阿里段做过几年养护工作。比较中巴公路和川藏公路，他印象最深的共性就是高原缺氧。“这里缺氧得厉害，和50年前相差无几，长期在海拔3500米以上的地方作业，近年来，已经有三四个兄弟去世了。道班养护站的兄弟们至今要带着氧气袋上路，有时候胸闷得厉害，就喝老乡家的奶茶，可以缓解不少。”老班长说。

如今，道班养护站里，共有十七八位维吾尔

道班养护站的养路人。中巴边界红其拉甫界碑以东、长达400多千米的喀喇昆仑公路中国段是他们的工作场所

族兄弟、七八位塔吉克族兄弟，大多是60后和70后。其中有人从小在塔什库尔干县长大，亲眼看着中巴公路从沙石路变成了沥青路，看着从巴基斯坦风尘仆仆而来的大货车在这里歇脚。然而，他们从未去过巴基斯坦，最远不过到达红其拉甫国门。

这条公路与他们的生活亦息息相关。他们的家人、亲友，不少都定居于喀什。每当养护队披星戴月踏上这条公路，迎向种种未知时，总能感觉到家就在他们背后，并不遥远。

## 中巴公路的“新生”

因为这条公路，在老一辈中国人和巴基斯坦人中间，产生了与民族情感有关的“巴铁”一词（对巴基斯坦的亲切称呼，也是中国与巴基斯坦友好关系的标志词）。在正值青壮年、能用流利英语交流的新一代巴基斯坦人U Rafee的措辞里，多次出现了“Great China”（伟大的中国）的类似表达。

我和U Rafee相遇在塔什库尔干县塔合曼乡一场热闹而盛大的塔吉克婚宴上。U Rafee是这家主人的异国远房亲戚，和我们一样，刚刚亲自“丈量”了一遍中巴公路才抵达此地，只是方向不同。他以翻译和向导的身份，陪同巴基斯坦国内电视台的一个纪录片摄制组考察东帕米尔高原的塔吉克族。

之后，他将沿着这条公路继续向东北，穿越盖孜峡谷去往喀什。他将看到沿途风景如画的昆仑三雄——慕士塔格峰、公格尔峰和公格尔九别峰。告别白沙湖后，骤然进入险峻的群山，他会在不断的颠簸中，看到挥锹作业的工人、轰鸣作响的挖掘机，及其隶属的新疆北新路桥集团、中铁十五局集团所留下的人工掩体与施工中的巨大桥柱。

U Rafee即将看到的，是一条“旧瓶新酒”的公路，即始于2013年的中巴公路改扩建工程，这也是中巴公路的第四次大修。

相关行业内人士曾持有一种看法，从客观地质环境来说，修建中巴公路最合适的规划，不是穿过海拔5000多米、地质灾害频发的红其拉甫达坂，而是向西南经过瓦罕走廊，取道平坦的瓦罕河—喷赤河河谷，与古丝绸之路南线相连，达到“一路通三国”（巴基斯坦、阿富汗、塔吉克斯坦）的效果。遗憾的是，因为政治因素，需要升级的“新中巴公路”，今日依然不能选择瓦罕走廊作为主要载体。

中巴公路改扩建工程的中国段，连接着卡拉苏和红其拉甫两大边境口岸，是通往塔吉克斯坦、巴基斯坦的必经之路，是新疆八条

中巴边境，中巴两国游人友好地打着招呼，兴致勃勃地在此拍照留念　　摄影_叶金

2016年8月，一对来自澳大利亚的夫妇带着儿女在塔什库尔干地区骑行　　摄影_王毅楠

国际大通道之一。路线全长331.94千米，其中有70千米（314国道奥依塔克镇—布伦口段）正在进行改扩建。这70千米恰好沿着最为艰险的盖孜峡谷，途经奥依塔克、盖孜边防检查站、玉其喀帕驿站遗址等，终点位于布伦口水库淹没段，可以达到三级公路标准。2015年11月，在这一路段上，新疆最长单洞公路隧道公格尔隧道正式贯通。2017年2月，改造后的奥依塔克镇—布伦口段公路正式通车。

此外，2006年底，中巴两国决定对年久失修的中巴公路巴基斯坦段进行改扩建。

巴基斯坦境内公路所面临的问题，和中国段十分相似，雪崩、滑坡、落石、塌方、积雪、积冰、地震等地质灾害频发，严重影响了路面和桥梁状况，导致交通事故频发。2008年，喀喇昆仑公路改扩建项目正式启动。2010年初，因地震造成严重山体滑坡，堰塞湖形成，喀喇昆仑公路一度被中断。2012年，由中国路桥工程有限责任公司主导进行堰塞湖改线项目，于2015年9月完工，喀喇昆仑公路在中断5年后重新贯通。从巴基斯坦境内雷科特桥到红其拉甫口岸的耗时，也从改扩建前的14个小时缩短为7个小时。

紧接着，2017年起，新疆将计划投资32亿元，对国道314线布伦口至红其拉甫段公路进行大修，全长252.596千米，计划于2020年完工。

在中巴公路上的红其拉甫边防站，在此工作了20年的前哨班排长以亲身经历告诉我们，为何这一路段需要维护和改造——在道路标准显著提高、边境贸易和民间往来频繁的今日，气候和地质灾害依然威胁着路上的每个普通人。

前哨班的战士们除了戍边守卫国门，还常年在边境上展开国际救助——因路面状况引发的车祸不胜枚举；过境的妇女儿童因高原缺氧险些丧命。2014年，巴基斯坦底河边境安全警察部队官兵在中巴边界巡逻时，也遇到了大雪围困，幸好前哨班战士及时赶到，才得以安全脱险。

中巴公路全线改造完毕后，安全系数会进一步提高，能促进两国在贸易、能源、通信、人文等领域的合作，和公路沿线地区的经济社会发展。

一组来自新疆道路运输管理局的数据显示，中巴间贸易以机电、纺织产品及农产品进口为主。2015年9月，中巴公路重新贯通，巴基斯坦政府又下调关税，大幅拉升了中巴间客货运输量。全民皆商的巴基斯坦，货物流通力非常强，85%以上的日用品出自中国。因此，这条被赋予新生的公路有巨大的经济意义。

U Rafee这一辈巴基斯坦年轻人，不少已经将个人职业发展的重点放到中国，他们会因为中巴公路的改扩建工程，进一步加入和中国的贸易、文化往来中。U Rafee说，期待着能在“Great China”，在这条通往未来的公路上，建立起一种截然不同的新生活。

## 通往未来的无形之路

等待新生活契机的，不止是U Rafee。相杨带领着一支来自苏州的团队来到塔什库尔干县，满怀雄心地准备拓展对巴基斯坦的贸易，并开始学习巴基斯坦的官方语言乌尔都语。

帕米尔高原阴冷的清晨，相杨跳下车，手指面前一大片空旷的土地，对我说：“就是这里。”这片距离塔什库尔干县城主干道大概1000米的900多亩土地，预计将建成喀什地区最大的“中巴国际物流综合体”。在相杨的描述中，这是一个以提供“软件”服务为主要方向，综合了商贸、物流和文化的项目，核心思想是鼓励“万塔（中国塔吉克人）创业，授塔以渔”。

相杨所代表的，是“一带一路”的背景下蓄势待发的中国民间资本。在国家倡议的激励下，这是一片水涨船高的蓝海。国内民营企业代表之一——华为公司，在巴基斯坦首都伊斯兰堡设立了办事处，网点遍及各大城市的商场和超市。

让相杨等人看到商机的中巴经济走廊，与古代丝绸之路南线走向一致，向南经过南疆，进入今日的巴基斯坦、阿富汗地区并通往西亚、中东和印度洋地区，属于“丝绸之路经济带”的一部分。而这条走廊的最南端通往印度洋，属于“21世纪海上丝绸之路”的一部分。因此，作为六大经济走廊之一的中巴经济走廊正是“一带一路”倡议的重要组成部分。

中国与巴基斯坦致力发展的这条现代丝绸之路，起点在中国新疆喀什，终点在巴基斯坦瓜达尔港，全长3000多千米，包括公路、铁路、油气和光缆通道等通道工程项目，直接关系到基础设施、能源资源、农业水利和信息通信等多个领域，预计工程总费用将达到450亿美元。可期的，是带来比50年前兴修那条著名的喀喇昆仑公路更加深远、多样，并且打破空间、超越时代的变化。或者说，这是一条辐射面极广的无形之路，作用远超过去任何一条公路。

按照中巴两国领导人的设想，中巴经济走廊将惠及中国、南亚、中亚以及中东的约30亿人。巴基斯坦将成为中国拉近与中东、欧洲和非洲地区距离的中心枢纽，而中国则可以借助巴基斯坦在印度洋获得更直接、便利的出海口，在能源方面避开“马六甲困局”。

2016年9月1日至7日，来自上海、浙江、江苏、山东的近30名民营企业家前往巴基斯坦，进行关于中巴经济走廊的商务考察，相杨就是其中一员。她和她的同行们看到了巴基斯坦在规划特区、编制项目、配套服务方面的具体行动。

在相杨等民营企业家考察期间，巴基斯坦旁遮普省中小企业发展促进会表示，巴基斯坦方面愿意在物流、建造、畜牧、食物深加工等方面同中国民营企业进行全面合作，并在行业信息、法律支援、商务谈判、程序推进等方面提供帮助。

另一方面，大型央企更是引领中巴经济走廊建设的主要力量。作为建设重中之重的瓜达尔港和港内的中巴产业园，其基础设施建设主要由中国海外港口控股有限公司负责，园区、城区建设及后续运营由招商局集团旗下的招商局港口控股有限公司负责，货源组织及运输则由中远集团负责。

中巴经济走廊是一项长期工程，建成后，中巴两国将成为真正的命运共同体。

截至2016年，喀喇昆仑公路升级改造二期、卡拉奇至拉合尔高速公路及拉合尔轨道交通橙线项目等正式启动建设，萨希瓦尔燃煤电站等10个项目陆续开工建设，瓜达尔港自由区起步区项目正式启动，瓜达尔法曲尔小学正式交付巴方使用。

同时，越来越多的中国企业，同相杨的团队一样，沿着中巴公路赴巴基斯坦考察。然而他们选择的这条路并非一帆风顺，这里依然是机遇和挑战并存。

## 经济走廊背后的民间土壤

随着中巴经济走廊工程的逐步开展，中巴两国的贸易往来增多，在巴基斯坦设办公点或分公司的中国企业越来越多，它们提供的就业机会对巴基斯坦人具有一定的吸引力。来自巴基斯坦国内中产阶层家庭的年轻人很多也选择在伊斯兰堡学习汉语普通话，以期进入巴基斯坦的中国企业工作。

在人才导向的新经济中，这一切都成了建设中巴经济走廊深厚的民间基础。

当然，中巴经济走廊这条无形之路，所涉甚广，其推进很难一帆风顺。

2016年4月，几张巴基斯坦国内反华游行的照片出现在中国社交媒体上，据了解，示威的主要目的是反对中巴经济走廊。外媒声称，这代表着巴基斯坦国内精英对中巴经济走廊价值的不同看法，这一度在中国民间引发了不小的震动。

后来，一位在清华大学的巴基斯坦留学生竺·艾哈迈德·可汗特发表《巴基斯坦反华大游行，我这个留学生想解释一下》一文，对其中的问题做了一些澄清，表示这是两国民众由于“信息不对称”造成的误解，并强调了巴基斯坦国内对于建设这条经济走廊的重视。

同时，她提出了一个问题，如果巴基斯坦国内反对中巴经济走廊的声音确实存在，那他们反对的是什么？她表示，由于巴基斯坦国内局势复杂，又处于边界地区，传媒导向也很特殊，因此，一些反对的声音很可能会被不愿看到中国崛起的国际势力利用。而巴基斯坦国内那些没有被中巴合作惠及的百姓，也很有可能被煽动起来，采取零和博弈的态度——如果不能从中得利，宁愿破坏合作。

竺·艾哈迈德·可汗特所代表的，是巴基斯坦新一代中的声音之一，他们植根于中巴互惠的长远立场，也看到了复杂的国内形势——这些都会在短期内影响中巴经济走廊的项目推进。

国内观察人士也表示，一部分有意向前往巴基斯坦的中方企业认为，鉴于巴基斯坦复杂的国内形势，针对中方项目及工程人员的袭击威胁或将在一定时期内一直存在，具体项目的展开面临很大障碍。这种认知，也会一定程度上影响具体的政策制定。

除了巴基斯坦国内对中巴经济走廊的质疑，其他因素也会产生不利的影响。

首先，在中巴公路的方位上新建跨境铁路——中巴铁路和跨境输油管线，依然深受气候条件限制。中巴公路一年中有半年时间基本上处于封路停运状态。“修建和维护跨境铁路的难度比公路大多了。”一位不愿意透露姓名的发改委工作人员表示。而从印度洋方向修建的漫长的输油管道，则需要解决诸多复杂的技术难题。

其次，巴基斯坦境内的地方主义、恐怖主义和部落武装会制约中巴经济走廊的顺利实施。阿富汗战争后，联邦管辖部落地区出现了“塔利班化”现象。俾路支省、开伯尔-普赫图赫瓦省是俾路支分离主义和普什图分离主义力量集中的地区。部落势力拥有独立武装，与巴联邦政府间存在多种矛盾。

再次，中国的崛起与美国、印度在南亚的战略布局有所冲突，美国、印度担心中国援建瓜达尔港是在向印度洋扩张，因此中巴经济走廊的建设很可能招致国际关贸和军事战略上的一系列变化。

最后，民选制的巴基斯坦政府一旦遇到换届选举、重大政治示威和政变，此前制定的协议就有执行不下去的风险。

部分项目的执行是很快可以看到成效的。比如中巴铁路很大一部分是在巴基斯坦境内，这一部分并不存在着严峻的气候和环境问题，建设和维护成本相对较低，当巴基斯坦从西南到东北走向的动脉被打通，巴基斯坦国内的产业和经济造血能力会大大增强。练好内功的巴基斯坦，在解决国内问题和参与中巴经济走廊合作上，才会发挥更大的效用。

“还是那句老话，道路是曲折的，前途是光明的。”这位发改委工作人员站在海拔5100米的红其拉甫国门处，看着中巴公路蜿蜒深入巴基斯坦，感慨地说。这条公路历经数十年的改扩建和维护，像本地的万古山川一般沉默不语，却注定要见证新的历史。

这条无形之路通往未来，相杨和U Rafee们都相信。在瞬息万变的国际局势下，这条无形之路最终得以“铸成”，离不开追求和平与发展的人类生存本能。

# 瓦罕走廊，隐秘的文明血脉

撰文 唐荣尧 摄影 叶金 等

瓦罕走廊像一条血管，输送着亚洲各地区之间的各种先进技艺、文化或文明。来自中国的儒家文明、印度的佛教文明、从西亚辗转而来的希腊文明、从阿拉伯半岛和波斯高原上迅疾而来的伊斯兰文明，在瓦罕走廊汇聚、发散，经过时间之手的缓慢酿酵与加工，绘就了亚洲的文明画卷。

内地、乌鲁木齐、喀什，三点之间，连起的不仅是万里长旅，更是几种中国肌体内的文明。

从喀什前往塔什库尔干塔吉克自治县的公共汽车在连续的风雪天里中断了。不得不在喀什滞留的几天，我每天都到车站打听恢复通车的消息。好不容易，付了三倍车费，我搭上塔吉克族小伙儿苏立坦的车踏上了前往塔什库尔干县的路。

离开喀什不久，海拔提升，路面的雪开始变厚，经过疏附县、阿克陶县后，山势逐渐显现，沿途几乎看不见车辆和行人，整个帕米尔高原仿佛陷入深眠中。我问苏立坦："这么恶劣的路况和天气，塔什库尔干是不是就与外界隔绝了？"他微笑着说："怎么会？一会儿就能看见车子了！"果然，不一会儿，来往于这条路的车辆多了起来。苏立坦说："路是死的嘛，人总是活的嘛！帕米尔高原困不住飞在天上的雄鹰，再难的路也困不住我们塔吉克人，只是爷爷和爸爸们是赶着骆驼骑着马，我们是开着车子！"

进入塔什库尔干县境内，路面平坦多了，到了一处被树木包围的村庄边，他说："电影《冰山上的来客》里的地方，我的家，在那里！"这里就是著名电影《冰山上的来客》的取景地。许多和我一样的内地人，对塔吉克人的了解，是通过这部描写建国初期新疆喀什地区塔什库尔干塔吉克自治县故事的电影完成的。

## 最隐秘的"掌纹"

塔什库尔干县城由北向南再往西，便是我此行的目的地——瓦罕走廊，一条地图上没有名字的古老驿道。来时路途的遥远与艰难，已经残酷地撕碎了之前对它的诸多浪漫想象。

瓦罕走廊全长约400千米，其中在中国境内长约100千米。从人文历史的角度看，这是一条文化走廊；就地理学角度而言，这是一条被两边冷峻的雪山挤压而成的不规则高原峡谷；从政治地缘学的角度审视，这里是四个国家交错的边地。整个走廊的平均

敦煌莫高窟217洞窟的壁画，展现了西域地区各个城邦之间商业贸易、文化交流、宗教传播的场景

供图_孙志军

海拔超过4000米，是中国海拔最高的“人文走廊”。

如果说整个亚洲是一个摊开的手掌，帕米尔高原如同这个手掌的掌心，瓦罕走廊则是其众多掌纹中最隐秘的一条，红其拉甫山口便是这条隐秘掌纹的末梢。

“红其拉甫”，在波斯语里是“流血的沟”“死亡之地”的意思。海拔4700多米的红其拉甫山口是整个喀喇昆仑公路的最高点。1844年，清政府在明铁盖设置了蒲犁支关。1949年新疆和平解放后，这里因处于边境沿线而禁止民众出入境。新中国成立后，中国政府在瓦罕走廊设置海关，由于条件有限，就在水布浪沟口成立了中国乃至世界上海拔最高的“帐篷边检站”。

20世纪80年代，这个边检站移到了现红其拉甫口岸所在地。即便这样，红其拉甫边检站和前哨口岸，依然是目前中国海拔最高的口岸。

明铁盖河位于塔什库尔干县城南约70千米，明铁盖河和瓦罕走廊交汇处以西约8000米处，便是只能依靠徒步才能抵达的明铁盖达坂。这是整个瓦罕走廊中最西边的一处要塞。

2005年8月，由著名学者冯其庸担任总顾问的“玄奘之路”文化考察团来到明铁盖达坂。经考察，冯其庸认为玄奘当年东归是从这里进入塔什库尔干境内的。考察团在山下立了一块高达14米的“玄奘取经东归古道”纪念碑。不过关于玄奘东归如何进入塔什库尔干境内，学界一直持有争议，姑且不讨论。

## 怛逻斯之战和文明的传播

这条走廊，见证了国事沉浮、人事变迁。

大唐帝国曾在这里设置军事管理机构。它的远征军继续浩荡西进，有部分甚至一度翻过瓦罕走廊进入今天的塔吉克斯坦、阿富汗境内，并在那里设置了军事机构。那时，整个帕米尔高原是纳入大唐帝国版图的。

公元713年，新崛起的阿拉伯帝国向东远征，已经完全领受伊斯兰教的屈底波将军，统率着东征的阿拉伯人穿越波斯高原，夺取了中亚的布哈拉和撒马尔罕，将势力范围扩张到阿姆河北岸诸地，与唐朝展开了争夺昭武诸国的斗争。然而一支力量的崛起，延缓了他们与唐朝军事力量大规模的正面对抗。公元718年，突骑施可汗苏禄建立突骑施汗国，汗庭所在地为碎叶城（位于今吉尔吉斯斯坦托克马克市西南方）。中亚各国周旋于试图争夺该地区霸权的几股势力中，几十年争斗不休、动荡不断。

然而决战不可避免，曾为唐朝属国、后实被阿拉伯人控制的石国（今乌兹别克斯坦的塔什干）成为导火索，唐朝大将高仙芝以石国“无番臣礼”为由出兵。公元751年，瓦罕走廊的寂静被高仙芝率领的远征军的车马声打破。得到唐军进入帕米尔高原的消息，阿拉伯帝国驻巴士拉的东方总督艾布·穆斯林立即命部将赛义德·本·侯梅德带领数千人的先遣部队抢先驻守怛逻斯城（位于今哈萨克斯坦江布尔州首府塔拉兹市以西塔拉斯河畔），为阿拉伯军队的集结赢得了时间。

唐军之前曾攻无不克，统帅们没有觉察到危险正在逼近。以快速奔袭著称的阿拉伯战马驮着他们的主人很快集结到了怛逻斯另一侧，从背后袭击唐军。双方展开决战。高原反应、长途行军以及后勤保障跟不上，加上唐朝的葛逻禄部军队临阵叛变，最终唐军失败。

那场惨烈的战争中，万余名唐朝军人被俘。俘虏中，有一个叫杜环的随军书记官。他和其他被俘的唐朝军人跟随阿拉伯军队转战于中亚、西亚，并曾到地中海沿岸等地区游历、居住长达十多年。阿拉伯人在清点俘虏时，惊奇地在一些军人身上发现了他们携带的纸张。不久，那些有造纸技术的工匠就受命在撒马尔罕建立了大唐疆域之外的第一个造纸作坊。很快，巴格达也出现了造纸作坊与纸张经销商，之后逐渐扩展到大马士革、开罗以及摩洛哥与西班牙的一些城市。四大发明之一——造纸术，就此通过阿拉伯人的力量外传。

怛逻斯之战后11年，杜环由海路返回中国，并将其游历见闻著作成书，名为《经行记》。他和那些怛逻斯之战中被俘的工匠，将中国文明带到了亚洲的西部地区。

## 一条“文明之河”的迎来送往

玄奘西去东归的背影早已模糊，高仙芝的败绩早已走进史籍中不为人注意的角落，沙俄远征军夺走的国土已经在边防石碑的那端，冯其庸先生考察后认定的佛教传播进入中国的石碑赫然在立。另一个被忽略的历史截面出现了：伊斯兰教从陆路传入中国的原始界桩在哪儿？

明铁盖达坂与邻近的克里克达坂是从北通往巴基斯坦上罕萨谷地的两个主要的山口，也是从印度次大陆进入塔里木盆地最短最快的路径。可以想见，当年从印度次大陆前往中国的穆斯林，一定会选择从这里进入中国境内。当我们熟记了法显、玄奘甚至马可·波罗、斯坦因、斯文·赫定这些曾来往于此地的中国高僧和西方探险家时，却忽略了这个走廊曾经来过伊斯兰教的传播者。

怛逻斯之战后，亚洲西部来的远征者，带着胜利者的骄傲和笑容，循着唐军败退的方向，穿越瓦罕走廊而来。军事胜利的背后，是宗教和文化的跟进。信仰伊斯兰教的阿拉伯和波斯商人、使节、传教者开始前往中国，瓦罕走廊是他们要跨越的一道门，要穿越的一道白雪之帘。像随风飘来的种子，逐渐落入泥土，慢慢生根。这粒种子顽强而执着地沿着瓦罕走廊进入中国，向东进入陌生的国度、地域和人群。旧有的佛教文明与信仰慢慢退却，持续了几百年。虔诚的诵经声与存放信仰的清真寺，悄然遍布于新疆乃至更为遥远的地方。

清代，由于国势衰微，瓦罕走廊被沙俄势力和英国军方觊觎，部分路段甚至被割据而出，最终形成今日的瓦罕走廊。瓦罕走廊的中国境内段，偶尔有几户塔吉克人的房子，静静卧在冰雪中，剩下的便是茫茫的白，路上空无一人。这种空寂让我不禁怀疑：这里真的曾经迎来送往过帕米尔高原两端的不同文明吗？我只能一次次想象，这100多千米的路段，像个不规则的纽扣，将中国、塔吉克斯坦、阿富汗和巴基斯坦四国的衣襟连在了一起。

瓦罕走廊到大唐帝国的国都长安和伊斯兰文明的圣地麦加的距离几乎一样长，从两个城市出发的两种文明抵达这里，改写了亚洲的

文明史和宗教史。

## 十字路口的“巩拜孜”

瓦罕走廊入口的达布达尔乡，一处塔吉克民居里，主人乌勒丁坦拎着一把铜壶来到我面前，清澈的雪山之水缓缓流出，供我净手。乌勒丁坦的女儿古尔姆托着一只盘子走出来，盘内盛有面粉。古尔姆用手捏了一小撮面粉撒向我的肩膀，这是塔吉克族的传统习俗，表示祝福你吉祥、安康和幸福。

车子在崎岖的路上沿卡拉其古河谷朝瓦罕吉尔达坂前行。当我带的海拔表显示5000米的高度时，眼前出现了一处3.8米高的“巩拜孜”（意为“驿站”）。这处周长18.8米、墙基厚1.2米的驿站，是一个方基圆体锥形顶的土木结构建筑物，房基长、宽各为4米，原是为了纪念从这里引进佛学的僧人而建。由于年久失修，顶部已局部塌陷。

驿站后面则是一块开阔地，站在这里向西望去，能清晰地看到木孜吉利嘎冰谷，沿着那条峡谷可以抵达费尔干纳盆地；驿站西南方则是平缓的瓦罕吉尔峡谷，沿着这条山谷前行可达阿富汗。

无论是穿越瓦罕走廊前往阿富汗、印度，还是穿越木孜吉利嘎前往费尔干纳，这里都是必经之地。处于十字路口的“巩拜孜”带给

千百年来，瓦罕走廊见证了军国沉浮、人事变迁，迎来送往帕米尔高原两端的不同文明

旅人希望和容身休憩之处，也给这里带来兴盛繁华。

千年来，瓦罕走廊一直肃穆地俯视着亚洲大地，洞察着东来西往的客商、僧侣、军队穿行于帕米尔高原上。它像一条血管，输送着亚洲各地区之间的各种先进技艺、文化或文明。在这里短暂的停留或交错后，各自沿着命定的路向，抵达归宿地。来自中国的儒家文明、印度的佛教文明、从西亚辗转而来的希腊文明、从阿拉伯半岛和波斯高原上迅疾而来的伊斯兰文明，就沿着这些血管，在瓦罕走廊汇聚、发散，经过时间之手的缓慢酿酵与加工，绘就了亚洲的文明画卷。

摄影_小强先森

# 帕米尔之心

塔吉克人的皮里克节通常会持续两天。第一天晚上，全家人围坐在炕中心的酥油灯旁，追忆逝去的亲人，祈祷平安吉祥

# 塔吉克族，尊敬与珍惜

撰文 刘湘晨　摄影 包迪 等

塔吉克人的人际关系与彼此的相互依存，足以唤起人类久已丢失的情感与彼此所能给予的暖意，他们的存在和对生活样式的选择留到今天，本身就是一个谜，值得我们反复阅读并从中汲取智慧。

## 面粉，严酷高原的生存敬意

在东部帕米尔高原，面粉的使用十分普遍。肖贡巴哈尔节、皮里克节、肉孜节、古尔邦节……所有宗教、非宗教的节日都会使用，最极致的是撒面粉花，以及在墙上用面粉绘出图案：太阳、树、花毡和羊群等。有一种特别的用法现在不太能看到了，谁家生了孩子，来看孩子的人会给新生儿撒面粉祝福。等到孩子长大，这家被撒了面粉的孩子就会成为当初撒面粉人家的儿媳妇或女婿，当年撒的一撮面粉就是婚约。

塔吉克人的婚礼，从一小片手工绣，到牦牛、骆驼这些大牲畜——现在是摩托车这样的重礼，礼物的体量、价值会有很大差异。但是，唯一不变、在任何时候都不可或缺的，就是面粉的使用。撒在新人和来客的肩头，撒在彩礼或每一件陪嫁的东西上，撒在新屋里或第一次启用的灶坑边……撒过面粉后，祈福和礼物原本的价值与蕴意才会被完整呈现并被接受。在这个细节中，面粉的天然属性因其对生存的直接意义而被赋予最高的寓意，每一个人都把内心最需要表达、最渴望的一切都蕴含其中了。特殊的高原环境，使面粉被赋予最高的价值概念。

严格地讲，塔吉克人撒面粉的仪式，通常有三种，并在三种情况下使用。

抛撒的一色纯白面粉被称为“普图克”，多用于年节喜庆场面和一般的社交往来之中；“苏特尔赫”，是在面粉中混入了酥油，专用于葬礼场合或前往麻扎的时候；“帕塔卡支”，除了酥油，最大的不同是在面粉中混入了东部帕米尔高原相对稀缺的柏树叶，浓郁的香气接近藏地的煨桑。

东部帕米尔高原，葬礼中多处会用到“苏特尔赫”。尸体被抬出门之前，门外点一处火，这时候会撒“苏特尔赫”。面粉代表了塔吉克人农耕的极致，而酥油则是塔吉克人高山游牧生活的极致，以两种极致混合，为逝去的灵魂送行。到了墓地，众人燃起火堆，每个人都会捻一撮“苏特尔赫”抛撒入火中，混合了酥油的面粉会助燃火焰升腾，浓浓的烟尘扶摇直上，几千米外都看得到，相伴的是众人为逝者的祷告。待新月升起，逝者至亲的男性家眷再次聚会，点起酥油灯通宵不熄，众人彻夜诵经为亡魂超度。这时候，也会往火堆上撒“苏特尔赫”。对逝者灵魂的抚慰与相送，让逝者与人世分离并从此被阻隔两界。“苏特尔赫”的作用无处不在。试想，如果没有面粉，在塔吉克人的生活层面，还能找到表达塔吉克人最高价值的另外一种东西来替代“苏特尔赫”的作用吗？——答案是否定的。

除了葬礼，“苏特尔赫”的使用，也遍布塔吉克人所有在麻扎举行的仪式与行为之中：转场之前告别、远道来访、上门提亲，或者皮里克节（即灯节）、古尔邦节，人们都会来到麻扎，向圣者的遗迹，向所有塔吉克人认定的自然与非自然对象，向墓中的逝者表达心境。

“帕塔卡支”的使用很明确，就是牧场环境专用。当地人以为，柏叶的香气能为牲畜驱除病害，这使得“帕塔卡支”的使用非常广泛，在整个牧季和畜群所到之处都会使用，尤其是在转场最开始和每天大小牲畜出圈时。显然，这就不仅限于“帕塔卡支”的药用价值了。点燃的“帕塔卡支”冒着烟，缓缓升起，在圈里圈外萦绕，大小牲畜从烟雾中逐一走过，实际上是得到庇佑。高原广大，每一天、每一刻，无不被每一位牧人的心理氛围所充满，高原的意义和存在的状态被重新定义和阐释。其中的诗意与妙曼，一个外人也许永远无法体味。

在东部帕米尔高原，塔吉克人对面粉的认知与使用，成为一种约定俗成的坚持与墨守，一旦被触犯，虽没有明确的惩处方式或被谴责，亦会让所有人惶恐不安，让所有人觉得被侵犯。其实，这源于极为深刻而久远的一种生存忧虑和恐惧，直到今天，东部帕米尔高原的塔吉克人都不敢对自己的生存环境掉以轻心，才会有通过面粉所表达的所有心结与诉求。

面粉代表的所有，给了塔吉克人在高原生存最重要的支撑与心理安慰，这里没有任何虚饰、迂回与不切实际的浪漫：面粉和面粉所代表的食物，与帕米尔高原严苛的生存环境，是互为对应的两面。仔细地把握其间的平衡，不至于带来困难与危险，恐怕这是塔吉克人在帕米尔高原生存最大的智慧与心得。

## 姻亲关系，难以窥透的隐秘

塔吉克人的婚姻极为特殊，每个人婚前必须为自己选定一位“婚姻之父”（即证婚人）。婚姻中的男女，种种的差异与不同决定了夫妻之间存在诸多难以协调和对峙的地方，若以各自的父母为最终调节平台，各自家庭的利益和视角一旦参与其中并成为评判依据，将导致矛盾最终不可调和。“婚姻之父”的角色，可为一个家庭提供远比一个居委会更周到、更仔细的体察、咨询与协调，并且终生负责，避免了婚姻背后各自家庭难免过于偏执的立场，同时，适时给出建设性的指导与平衡，保证每一个家庭都具有至今让人匪夷所思的超高稳定性。

塔吉克人为什么对每一个家庭投入如此的关注，以确保将每一个家庭解体的系数降到最低？

在帕米尔高原东部边缘，婚姻的选择至今仍以亲疏远近作为最重要的参考依据，几乎与世界上除塔吉克族以外的所有民族不同。塔吉克人姻亲关系之亲近和复杂，常是外人难以窥透、难以理解的隐秘。其中，尤以热斯喀木村最为典型，其构成的多样与复杂，为世界血缘构成的一般性理论所难以囊括，无法给予明确解释。

热斯喀木全村二百多户人家，最远不超过四

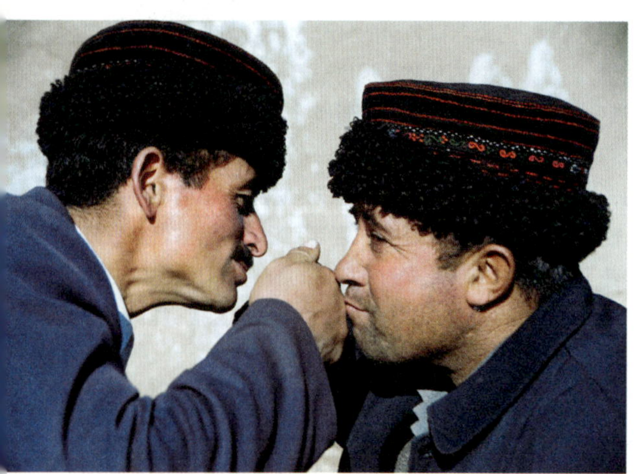

塔吉克人见面必行礼节必问候，男人之间、男女之间、女人之间或不同年龄、不同辈分之间，有着不同的吻触部位或方式，如吻手背、手心、唇、脸颊或额头，以表示不同的性别、长幼与族中的位置。吻礼之后，他们会互相问候身体好不好、心情如何、是否顺利等　　摄影_叶金、王毅楠、连姝凝

代，最近的间隔仅有两代，基于血缘或近或远的联系就会使彼此成为亲戚。其中，最重要的就是婚姻关系。

一般而言，热斯喀木人第一代人的婚配组合不至于让人过于费解。第二代以后，常会在不同辈分与构成复杂的亲属关系之间表现异常。唯一能够确定不至于混乱的有如下两点：同父母所生的子女不可通婚；同兄弟各自婚后的子女不可通婚。但是，同兄妹婚后各自的子女明显不在这个限制范围之内。

热斯喀木人的婚姻关系，相对而言比较注重男性系统彼此血缘延伸长度的比较，错综复杂的代际交叠现象多出现在女性的更多样、更开放的组合方式中，常见的姑侄、甥姨的界限几乎可以忽略不计，这使得人口基数相对较低的塔吉克人反而拥有令人吃惊的高婚姻率。

塔吉克人两性之间的习惯认识与婚姻关系，丝毫没有基因学与遗传学的依据，造成的结果同样触目惊心。我的一位好友有明显的甲亢，喉结与双目暴突，更严重的是自他以下有三位弟弟先天性双目失明，父母的近亲血缘是直接原因。但是，热斯喀木村的整体残疾率并不是很高。

就人口的平均概率而言，塔吉克人近亲繁殖的残疾率已低得惊人。有一种观点认为这与塔吉克人普遍的RH阴性血型有关。不过，目前尚没有足够的证据说明，RH阴性血型是塔吉克人特殊姻亲关系的生物学、遗传学基础。

那么，面对遗传学与心理的双重风险，帕米尔高原东部边缘的塔吉克人，何以世世代代、家族相袭，在血缘姻亲的临界之下而自然繁衍？他们的依据与支撑理由是什么？

实际上，塔吉克人独特的人际关系与婚姻关系，都与帕米尔高原独特的地理环境直接相关。庞大而严苛的地理环境与悬殊的人口比例，使得每一个人都是对方生存的必要前提，决定了彼此相互的依存关系。从某种角度讲，除了无法改变的地理现实与所能有的物产，决定塔吉克人生存质量的另一个要素，就是彼此相互的依存关系。

在人类进化的漫长历史中，相互依存的人际关系是人类发展必不可少的重要条件，工业革命后的短暂历史迅速改变了人类相互依存的基础，在物质极大丰富的同时，最大的变化是人与人之间相互的需求、彼此的呵护与关心大为降低。塔吉克人的人际关系与彼此的相互依存，足以唤起人类久已丢失的情感与彼此所能给予的暖意，他们的存在和对生活样式的选择留到今天，本身就是一个谜，值得我们反复阅读并从中汲取智慧。

同样，塔吉克人的婚姻方式，实际上是帕米尔高原地理环境在人类生存层面的活态呈现。当地人说：“不要在河的对面种地，不要在达坂的另一边找老婆。”这句俗语，再恰当不过地表述了帕米尔高原地理对人类行为的影响与操控，即使在婚姻的选择上，也没有谁能超越帕米尔高原给你的规定。只要改变一个条件，封闭的状态就会打破。

2013年岁末，我的好友加玛拉力·扬通汉的小女儿出嫁，女婿是远在200千米外班迪尔乡的一位出租车司机。与祖祖辈辈热斯喀木人最大的不同是，这桩婚姻没有任何亲缘的背景。就是因为有了一条路的开通，深居帕米尔高原东部边缘的塔吉克人第一次有了向别处、向远方瞭望的可能。

## 风雪高原，族人一生相伴

在东部帕米尔高原，几户或几十户人家，每到一处，每一家的门槛都会被跨过，每一家的奶茶、每一家的馕都不会被遗漏。我在东部帕米尔高原的日子持续二十年，最大的遗憾是没有在每一家的炕上都睡过。有人微词，初以为仅是客气。后来，我逐渐确认他们稍显不满的背后似有很多意味，虽不是特别认真地计较，但能看出来他们基本上不接受我的所有理由和解释。无意中，我触动了他们某种共同的执守。

塔吉克人见面必行礼节必问候，男人之间、男女之间、女人之间或不同年龄、不同辈分之间，手背、手心、唇、脸颊或额头，不同的吻触部位或方式表示不同的性别、长幼与族中的位置。

他们相互之间的问候，包括累不累、身体好、是否顺利、心情如何等等，最复杂的问候会在数分钟内问及有关生活的方方面面。差不多的问候与你相见的人都会问，若有亲戚关系或遇到这一年有丧事的人，同样的问候在进入屋里和在炕上落座后还会被再次强调。

相对城市和其他大多数区域，塔吉克人对人际关系的关注，敏感得近于机警，不是宗教或明确的伦理守常，却被每一个人恪守，原因何在?

最让人吃惊和难以理解并有强大支撑的，是塔吉克人对族际之间的许多事超乎寻常地投入与关切。2013年，在最后一次留驻帕米尔高原东部边缘的热斯喀木村时，有两件事给我留下了深刻印象。

一是全村的长老吾守尔·尼牙孜重病，咳嗽一声已显出不能承受的疲态，全村人陆续去看他，抓起老人的手亲吻，逐一偎坐在老人身边攥着他的手轻轻揉。那种亲近与关切，对缓解老人的病不一定有实际作用，但每个人极尽关心，与老人絮絮叨叨说反复说过的话，让你一时感觉岁月轻淡，唯此情此景成为天地间最强有力的注解和最准确的说明。所幸，老人后来又能攥根牛骨头，用一柄小刀慢慢剔肉吃，拄杖出门沿着冬季撂荒的地走一圈不用搀扶了。

另一件事，我的好友达吾提·吾守尔原已约好，随我去乌鲁木齐看他在县城医院反复多次没看好的病，最后也没有成行。他掰着手指给我算，这一年村里有四位不同年龄的人去世，有七八家婚事，最远的往返十来天，每一家都要走到，相较而言，他的病，以及他跟我去乌鲁木齐看病这件事，比随风打转的一缕羊毛还要轻。

我在帕米尔高原东部边缘二十年的持续过往中，凡遇有丧事或婚事，都能看到热斯喀木村散布在100多千米札莱甫相河谷之间的男人或女人倾巢出动，骑摩托、坐拖拉机、骑马、骑骆驼，或者就靠两只脚走，狂风暴雪都不能阻挡。一时间，弥扬的沙尘带着旗帜扯动的呼啸，行色匆匆的人在高原秃裸的荒野中凸显出蚁阵般的顽强与执拗。

最辛苦的人是自家的儿子或族中的至亲，不管是沙尘垛成墙让你走不动半步，还是突降的暴雪撬动山顶的岩石簌簌塌落，只要闻讯，他们就会在第一时间出发，白天或是深夜，没有一刻停歇，在最短的时间里以最快的速度将音信送达札莱甫相河谷的每一户人家。递支烟并被接受，就是邀约和履约。散布在帕米尔高原东部边缘的无数塔吉克人，一刻间被唤醒、被发动，这些星夜兼程的人是最初的引信。

塔吉克人的一生，从出生到成婚，再到最后辞世，任何一个环节都有族人的呵护相伴。亲情和人与人之间的关照成为维系塔吉克人在艰苦高原上生存下来的纽带

摄影_小强先森

一场婚礼就是高原上的盛事，不管多远，族人、亲朋、邻居都会星夜兼程地赶来，给新人送来祝福，也在主人家不辞辛劳地帮忙干活　　摄影_连姝凝

塔吉克人的一生，从出生到成婚，再到最后辞世，任何一个环节都有族人的呵护相伴。我曾亲历2013年初的一场葬礼，死去的人年仅18岁。在藏族的丧俗中，最高规格为塔葬，其次为天葬、火葬，病故、残疾或带罪的人为水葬。塔吉克人没有这种区别，送葬的方式与哭别的痛彻是一样的。净身、撕裁裹尸衣、迎宾、待客、抬尸、撬石板砌坟、送尸入墓到最后一锨一锨地掩埋，没有一个人袖手旁观。驮运尸体的骆驼被众人簇拥着走过地老天荒的高原，一根牵着骆驼的牦牛毛绳在每一个人的手中轮转，每个人都在用极尽可能的方式为逝者最后送别。

## 混成信仰，彼此相安无扰

久驻东部帕米尔高原，每天凌晨的早祷给我留下了极深的印象。这个时候，如果不是阴云密布，总能看到晨星闪烁。持续一个小时的早祷结束，天际渐渐透朗，由深灰、浅灰、泛白逐渐过渡，最终能看到彩霞映红。

在吾守尔·尼牙孜老人家，与数年前比较，最大的变化是年近40岁的孙子们马木提·达吾提、卡斯木·达吾提和买热买提汗·祖木来提对早祷投入的态度。不再是多年前跪在祖父旁笨拙地学语，没有什么动静再能转移他们此时的注意力，他们的诵经声已是屋里早祷能听到的最突出、最具质感的声音，他们是包括祖母、母亲和妻子在内的各家女人们簇拥的中心。让我最吃惊的是长孙马木提·达吾提，时常看到他微闭的双目被泪水濡湿，能感受到他每天都在经历最极致的心境并接受洗礼，完成每天一次自我的内心观照。

吾守尔·尼牙孜一家每天的早祷，最温暖的是每次早祷的最后一项仪式，祖父母、儿子儿媳和孙子孙媳与孙女之间，以教友之礼问候并相互祝福，一天由此拉开序幕。

老吾守尔是东部帕米尔高原仅有的一位在20世纪初外出求学的人，从帕米尔高原东部边缘随驼队走到喀什，单程就是一个多月。后留任塔什库尔干塔吉克自治县小学做教员，再后来曾任“三区革命军”某骑兵团的参谋长。这样的经历，能看出老人家人生际遇有过多次离开帕米尔高原远去的可能，但都被他放弃了，最终相伴帕米尔高原东部边缘的几间石头房子度过一生，他的目的只愿每天能静静地祷告不被打扰。长子达吾提·吾守尔做了数十年的村主任和村支书，除每天餐后或节庆、婚丧必需的礼节，他不参加祷告。三儿子苏莱曼夏·吾守尔是札莱甫相河谷走出去的最为声名卓著的人，做过达尔达布乡的乡长。只有次子祖木来提·吾守尔跟随父亲吾守尔·尼牙孜，以伊斯兰教的专业学养见长。

在今天的东部帕米尔高原，德高望重、最具身份的人，常与他的伊斯兰教学养相关。不知道是不是这个原因，使塔吉克人的从教行为被肯定，普遍的伊斯兰教情结成为他们最重要的心理背景。但是，对面粉内在价值的一致认定，对人际关系的高度关注和对火的由衷敬畏，则是每一位塔吉克人不需要理解

节日、婚礼、新生儿诞生、乔迁新居……在东部帕米尔高原，面粉的使用几乎无处不在。撒过面粉后，祈福的蕴意才会被完整呈现并被接受。最极致的是撒面粉花，以及在墙上用面粉绘出图案：太阳、树、花毡和羊群等。面粉和面粉所代表的食物，与帕米尔高原严苛的生存环境是互为对应的两面，面粉给了塔吉克人在高原生存最重要的支撑与心理安慰（左页）

就能接受，就能将其作为意识、心理和行为最重要参照的守则。

譬如，在吾守尔・尼牙孜老人家的屋后，有一座被称作“其拉克”的麻扎，相传早年曾有传道的圣徒夜宿此地。每逢有远近来客和节庆时节，人们都会在此聚集并履行仪式。稍让人疑惑的是麻扎之上树立的若树枝干，在早期的萨满时期，树干是人与天沟通的中介，与后来的伊斯兰教属于完全不同的两个文化系统。整个仪式中，必不可少的环节是点火和众人各捻一撮面粉撒在火上并撩起烟火拂面祷告，每人默诵的是伊斯兰教经文，所用的形式却与伊斯兰教相去甚远。

实际上，作为世界最重要的通道，东部帕米尔高原是多种文化往来与流传的走廊：祆教、景教、摩尼教、基督教、天主教、藏传佛教、东正教……其中，以伊斯兰教的传入最为纠结和典型。由此，能够极形象地说明一种外来文化与本地文化对接及所能发生的种种令人匪夷所思的变化。

由于地理的接近，早在公元8世纪初，阿拉伯人就将伊斯兰教传入了塔吉克人的领地。公元11世纪，著名的伊斯玛仪派哲学家和诗人纳赛尔・霍斯鲁(1003—1088)为避难来到偏僻的帕米尔高原巴达克山的尤姆岗村居住和写作，传播伊斯兰教伊斯玛仪派、穆斯塔里派学说，中亚塔吉克地区出现了伊斯兰教伊斯玛仪派运动，塔吉克族成为伊斯兰教伊斯玛仪派的追随者。纳赛尔・霍斯鲁的著作被奉为“圣书”，塔吉克人至今尊其为“辟尔”（导师、圣贤之父）。

同其他信仰伊斯兰教的民族相比较，塔吉克族的宗教活动较少。根据伊斯玛仪派教义，塔吉克族不封斋，不去麦加朝圣。中年人和老人每天在家做两次礼拜，一般群众仅在节日礼拜。凡此种种，源于伊斯玛仪支派教理的规定，实际上也与东部帕米尔高原的地理环境，以及人所能有的选择可能极为吻合。

伊斯兰教的传入与发展，必须面对的首要前提就是东部帕米尔高原十分普遍的多神崇拜、自然崇拜，这个历史从远古一直延续到今天，不曾改变。

比如，皮里克节又称“灯节”，属于典型的塔吉克民族节日，它产生的年代远早于伊斯兰教的传入，节日的动机与仪式都与伊斯兰教相去甚远。此外，自然崇拜里还有庇护房屋的神、被称作山父的神、太阳、火，以及给予生育庇护的神、治病的神等。

所以，就信仰的构成而言，很难讲东部帕米尔高原的塔吉克人是纯粹的一神教。因对生存构成的直接影响，“太阳崇拜”至今仍是东部帕米尔高原塔吉克人的直接本能和最大禁忌。

由此种种，构成东部帕米尔高原塔吉克人的混成信仰。众神存在，因心境和需求而确定一位倾诉对象并被附加多重寓意与功能，换一种场景和需求会有另外一种对应，彼此相安无扰。

皮里克节第一天夜间举行的“墓地皮里克”仪式。各家各户为逝去的亲人宰牲并准备好各种食物，携往墓地祭奠亲人，在墓地点燃油烛后，一起祷告祈福

# 帕米尔，四季流转

撰文 叶方舟 摄影 小强先森 等

摄影 连妹凝

一个寒冷冬天的尾巴里，我来到东帕米尔高原遥远偏僻的马尔洋乡，成为一名支教老师，在帕米尔经历了一个完整的四季轮回。帕米尔深处的星与月，与别处有所不同，这里的四时、人和牛羊有自己的节奏与律动。那些面孔、那些星月下闪着光的岁月，早已如琥珀印入我心底，可是我却不再去回想他们，因为他们已成为我生命的一部分。

帕米尔高原大部分女性的名字里有“古丽”二字，花朵的意思。即便在贫瘠寒冷、草木难生的高原，人们也丝毫不会降低对花朵的向往和喜爱

## 帕米尔的礼物

我在冬天的尾巴里来到马尔洋乡这个东帕米尔高原遥远荒僻的地方。

气喘吁吁徒步40千米后，马尔洋小学的校长开着皮卡车在半路搭上了我，接下来的路更加艰难，即使坐车也会累得浑身疲惫，车里一片沉寂。皮卡车攀爬了无数个“之”字形坡后，到达这趟旅途的最高点——阿卡勒达坂。停车休息片刻，我站在高高的达坂上，打量着下面深邃的山谷。傍晚的最后一点日光里，黑白相间的雪山在四周环绕，看起来既远又近。学校的老会计木拉依汗悄悄走过来揽住我的肩，用不太标准的汉语问我：“你有枪吗？”手指比画起枪的样子。我一时愣住，他继续说：“如果你有枪，就可以在这里打星星了。”大家的笑声骤然响起，像星尘一样散落在山峦里。抬头望去，几颗星星在触手可及的天空中微光闪闪，使这里的一切平添了一种诗意。我知道，这是帕米尔送给我的第一个礼物。

农历正月十六的深夜，终于抵达河谷深处的马尔洋乡迭村，沿河的村庄此刻已陷入沉睡，无边的黑暗笼罩着整个峡谷。我站在空旷的道路上望向东方，一轮清亮无比的圆月穿透漆黑的夜幕，在两旁山峦的拱卫下缓缓升起——我从未见过比它更圆的月亮，这是帕米尔送给我的第二个礼物。

于是我决定留下来，和这里的人们一起凝视四季里星和月的样子。春夏秋冬——在马尔洋小学支教的日子里，我在帕米尔经历了一个完整的四季轮回。帕米尔深处的星与月，与别处有所不同，这里的四时、人和牛羊有自己的节奏与律动。那些面孔、那些星月下闪着光的岁月，早已如琥珀印入我心底，可

高原的孩子有着扑闪扑闪的大眼睛，眼里没有一丝杂质，他们单纯灿烂的笑容能把人的心融化

是我却不再去回想他们，因为他们已成为我生命的一部分。

## 春，三个古丽

帕米尔的春天姗姗来迟，步伐却很快。从三月底的第一缕春风开始，春的脚步随着阳光迅速踏遍整条山谷。高原上植被稀少，遍地是尘土和裸露的岩石，但人们仍可以不费力气地找到雏菊、杏花、蒲公英花，这三种花的绽放分别代表了春天的三个层次：早春、仲春和晚春。

帕米尔还有另外的花朵。这里几乎遍地都是“古丽”，民族语言里“花朵”的意思。阿娜尔古丽、巴哈尔古丽、沙依古丽……从女孩到奶奶，大部分女性的名字里有“古丽”二字，那是女人们最喜欢使用的名字。即便在贫瘠寒冷、草木难生的帕米尔高原，人们也丝毫不会降低对花朵的向往和喜爱。

学校里，长着一双灰蓝色眼睛的古丽玛丽引起了我的注意，她很腼腆，从不敢主动跟我说话。初春的一场小雪后，我踩着混合了残雪的泥土路在村里闲逛，古丽玛丽却悄悄追上了我，羞涩地指了指前方的房子，示意我过去看看。离学校不远处，小河从旁边一条狭窄的侧谷里冲出来，汇入马尔洋河，几亩田地、几间土房子和几棵树坐落在两河交汇处的冲积台地上，屋顶的天井飘出袅袅炊烟，随着山谷里的风轻轻摇动。那是古丽玛丽的家。

初春疏斜的阳光里，古丽玛丽的爸爸克里木坐在黄土墙下，两眼望着屋前空空如也的田地。初春是塔吉克人蛰伏的最后日子，帕米尔的大地还未完全复苏，人们大部分时间待在家里，劈柴烧水，用干草料喂养牛羊，偶

塔什库尔干各乡镇的小学只有学前班和一、二、三年级的学生。实行双语教学、集中办学后，四至六年级的学生都去县里的小学住校上学。对于外来的支教老师，孩子们充满了好奇和兴奋，仿佛他们是打开外面世界的一个窗口

引水节和播种节过后，春耕就开始了。作为主要劳动力，男人们在此时扛起了一个个家庭全年的希望和重担

摄影_高嵩

尔修补一下屋顶。克里木和他的家人——妻子、弟弟、三个女儿，也都在家享受这初春最后的悠闲。

克里木起身，和我握手，说声："朋友，你好！"这是他仅会的两个汉语词。克里木的每个女儿都是"古丽"——古丽玛丽、古丽扎尔、阿孜古丽，她们都是我在马尔洋小学的学生。

悠闲的日子很快就过去了，路边杨树抽出的第一个新芽吹响了春耕的号角，作为主要劳动力，男人们在此时扛起了一个个家庭全年的希望和重担。克里木也不例外，每天弓着身子在几亩薄田里劳作：先一锹一锹细心地把土壤铲松，然后赶着牦牛用铁犁把地刨个底朝天，最后再放水把地浇透。他的弟弟阿桑巴依总会踉踉跄跄地跟在犁的后面，生怕牛儿走错了方向。阿桑巴依小时候因小儿麻痹症落下了残疾，父亲去世后，随哥哥一家人一起生活。

帕米尔的大山藏得住一切，却藏不住秘密，每户人家细微的动静都会沿着血管一样的河流传遍一个个村落，别人家有事忙活的时候，克里木一听到消息就会去帮忙。

和大家一起劳作时，克里木的话依然不多，也许劳动才是他表达自己的方式。扛一把锹走入田地，东一铲西一铲，很快就挖出一段引水渠；吆喝着牛，在地里用犁刨出一幅幅图画；和大家一起喊着口号，赶在最前面把木梁架上新房的房顶……没有圆滑的言辞，克里木却几乎博得了每个村民的心。村里的老人尤尼巴尔斯曾给出这样的概括："克里木就像一只鹰，从不随便鸣叫，但一到需要他的时候，他就会毫不犹豫地第一个冲过来。"要知道，用鹰来形容人，那是以鹰为图腾的塔吉克人最高的敬意了。

其实克里木过得一点也不轻松：三个孩子、一个身有残疾的弟弟，他是家里唯一的壮劳力，整个家庭要靠他不停歇地劳动来支撑。

三个古丽也没闲着，杨絮纷飞时，克里木的女儿们就开始在房前屋后的树丛里灵巧穿梭，她们唱着歌，拾起树枝间和落在地上的杨树花序，把白色毛毛虫一样的花序装入袋中，那是价格不菲的药材原料，可以拿去县城换来不少钱。此外，她们还悉心照看家中刚出生的小牛、小羊，帮父母收集柴火、打扫院落。

日头渐高，杏花短暂开过后随即撒落一地，塔吉克人的家园就要跟着太阳的脚步一起迁徙了。

6月初，我从一户山沟里的学生家结束家访返回时，在另一条支流的河口遇见克里木一家人，他们和邻居一起赶着牛羊骡马，带着毡房和简易的家当去往夏季高山牧场。他们隔着湍急的河对我笑，三个古丽兴奋地冲我挥手欢呼。当他们大大小小的身影消失在河谷拐角处时，我听见，帕米尔的春天结束了。

## 夏，生死之间

7月，夏意最浓的暑假，我迈进了亚勒黑特河谷，村民们口口相传着发生在这里的种种传奇：雄鹰在山巅盘旋，豺狼和狗熊在山谷的尽头出没；姑娘古丽仙曾在这里徒手投石击退凶恶的独狼；老人斯拉木年轻时曾在这里遭遇狗熊……

克里木家的夏牧场就在这条河谷里。然而我没有看见克里木的身影，他的家人说，他带着骆驼去了另外的山谷。没人知道此刻他的确切位置，大家只是指了指高耸的山脊的另一边。

一个云雾低沉的早晨，克里木和他的骆驼终于回来了。见到我，他稍微有些吃惊，这次多了一句汉语问候：“朋友你好，你来了。”

茶饭过后，我们一起坐在毡房里。和克里木在一起，沉默反而成了最好的交流方式。记不清多少次，我只是和他一起默不作声地坐着——他似乎有一种天然的魔力，能将周遭的时空凝固，让时光的流逝变得安静平和。坐在他身边，就是坐在宁静的时光之河中。

在河对岸扎营放牧的克尔马特听说了克里木的归来，特意过来串门，他的出现打破了这里的安静。克尔马特曾在内地待过一段时间，能讲一口流利的汉语，并且爽朗健谈。他曾经徒手攀上了高出雪线的尖山，帮助北京来的科考队把红外摄像头安置在雪山的山脊上，几天后，摄像头捕捉到了雪豹的身影。

“那你是马尔洋的第一登山高手了。”我几乎是带着崇拜地说。“不不不”，克尔马特立即摇了摇头，指指坐在一旁的克里木，“他才是马尔洋最能爬山的人。”

我竟差点忘记了，克里木才是亚勒黑特最传奇的牧人。他是自然之子，赤着脚在山野间长大，跟随同是牧羊人的父亲走遍了方圆百里的荒原和高山，他知道这里的万山间每一处可以躲避风雪的岩洞，他谙熟山与山之间每一条野山羊踩出的“羊道”。近乎一种任性，克里木日复一日地在帕米尔无名的万山间行走着，成了这亘古苍原上的游荡者和独行侠。

面对大自然心无畏惧的诀窍，其实并不是战胜自然或敬畏自然，而是把大自然当作玩伴，心无芥蒂地和它一起玩耍。可是我还没学会这一点，就遇到了生死攸关的时刻。

那是在两天之后，闲不住的克里木又要朝另一条山谷进发了。克里木答应让我与他同行。

清晨的云雾弥漫在山头，我们爬到山顶时，雪花飘落，很快变成纷飞的大雪。就这样，一个塔吉克牧人带着一个汉族老师，一脚深一脚浅地在风雪交加的山上往看不见的前方走去。

一片陡峭的山坡差点成了我永远的梦魇。雪没过脚踝，每迈一步我都要滑出一大截，一个瞬间的滑倒，让我趴在山坡上动弹不得。克里木在前方不断低声告诉我：“快走！不走的话会塔西郎克（塔吉克语“死掉”之意）。”我知道，在这样高海拔的地方，风雪之中停滞不前就将面临被冻僵的危险。然而我已经无力做出哪怕一个动作。克里木折回到我身边，把我从地上拉起，指着山坡的另一边说：“来吧，朋友，我走，你走，我们那里去。”克里木几乎是用双手拖着快冻僵的我，一点一点在积满深雪的山坡上前行。一步、两步、三步，我踩着他的脚印走，脚下仍一次次打滑。最危险的一次，我直接滑倒在地，拖着克里木一起朝山坡下滑去……克里木最后抓住了一块突出的岩石犄角，才停了下来。看着我一脸惊魂未定，克里木用他仅有的汉语词汇说：“老师，你不能死。我死了可以，你死了，不行。”那一刹那，我知道，和这样的朋友在一起，即使在荒野中死去，也没什么可遗憾的。于是我不再害怕，跟着克里木走出了那段陡峭湿滑的山坡。走到山下时我回望那片山坡，我们下滑的地方再往下就是一座断崖，崖下遍布凌乱的大石头，如果没有克里木在最后时刻

秋天，青稞和麦子收割完毕，秸秆都要收集、晾晒保存起来，给牲畜们当作过冬的粮草

的“刹车”，也许，那座山坡就是我人生的最后一站了。那天，我跟着克里木翻越了14座山头，在最后一座海拔接近5000米的大山山顶上，我们坐下来休息，纵览方圆几十千米内的连绵群山。看着那一座座荒凉的山头，我想，每座山里都藏着一颗勇敢又浪漫的心吧，如果可以，我愿意把自己的灵魂永远留在帕米尔最惊险而动人的夏天里。

## 秋，另一个母亲

9月降下的第一场霜，利落地斩断了夏天的尾巴，秋天就这样在一夜之间袭来。

秋风步步为营，很快扫光了高原上仅剩的花花草草。塔吉克人告别夏牧场，将牛羊赶回山下家中的圈舍。麦子和青稞收割完毕，家家户户的生活重新回到了条理中。然而秋天绝非闲散无事，反倒是塔吉克人最活跃的时节。每户人家都售卖了已养肥的牛羊，盘点一年的收获，同时规划着来年的打算。塔吉克人的婚事有十之七八在秋天举行，此伏彼起的婚礼顿时填满了大家走亲访友的日程表，使这个季节成了帕米尔最喜庆的时节。

新的学期里我决定搬到克里木家借住。克里木的妻子阿莎尔对这个有些唐突的计划有点摸不着头脑，然而她只是动了动嘴唇，最终什么也没说，默默地为我打扫家里的客房，还铺上了崭新的床铺和被子。就这样，我开始了两个月的“寄宿”生活。

作为母亲，阿莎尔在秋天成为全家人的养护者。每天她都最早起床，最晚入睡，为家人购置新衣服，缝补尚能使用的旧衣物；把房子里里外外收拾干净，添置家用物品；仔细清点家中剩余的牛羊和当年新出生的小羊羔、小牛犊，以便备好来年春天之前每个月的干草料和青稞面混合的饲料储备；用有限的食材揉捏烹饪出各种糕点和便于储存的食品，在古尔邦节到来时给上门拜会的亲友享用。

大雪纷飞的山谷里，总有红色的身影不时在视野中闪现，女孩们穿着红衣穿梭在风雪中，或赶着羊群，或拎着水桶去河边打水。醒目而温暖的红色，是帕米尔的寒冬里无法埋没的暖意　　摄影_王毅楠

所有用来形容称职母亲的词语都可以用在阿莎尔，以及每个帕米尔的母亲身上。她们隐忍而坚强，不辞辛劳地呵护着儿女，守护着家庭。有了母亲就有了温暖和希望。而成千上万个母亲联结在一起，撑起了帕米尔原本寒冷的天空。

这个秋天，阿莎尔和以往一样，把更多时间放在女红上，尤其是做帽子，更需要细致和耐心。帽子一向是塔吉克人服饰中最重要的一个部分——女孩子的花帽叫作“沙依多依”，需要在圆柱形的厚棉布帽檐上缝制繁复的五色图案；男士的“吐马克”帽则由整块黑羊皮缝合而成，图案简洁，却需要一点点把羊皮手工揉软，做一顶就要耗费4～5周的工时。

每年帽子需要“更新换代”时，阿莎尔会为家里的两个男人各做一顶吐马克帽。这次，她却缝制了三顶吐马克帽。

11月中旬，位于马尔洋河下游的努西墩村举行了最后一场婚礼，村里积攒了一整个秋天的欢乐气氛达到高潮，人们从各条山谷里涌出来，像河流一样汇聚到这里，搭起围场，支起炉灶，宰牛宰羊，连续三天唱歌跳舞来庆贺这场喜事。作为婚礼上唯一的汉族人，我实在是太过显眼，虽然踏着笨拙的舞步努力跟上塔吉克人灵巧娴熟的步伐，却总还是觉得少了点什么。眼尖的阿莎尔迅速发现了端倪，她从背包里拿出一个鼓鼓囊囊的东西，让克里木扣在我的头上——原来第三顶吐马克帽是她特地为我缝制的。戴上帽子的那一刻，我心里突然涌起无上的骄傲，因为这象征着我已经成了克里木家一个特殊却又真实的家庭成员。

婚礼结束后，因为克里木侄子的到访，汉语流利的他充当了我和阿莎尔的翻译，我和不懂汉语的阿莎尔之间，才有了第一次真正的对话。得知她只比我大五岁后，阿莎尔在一阵沉默后突然开口，“我觉得你就像我的儿子”。阿莎尔的神情有些落寞，像是自言自语：“你知道吗，我总共生过五个孩子，可是两个儿子都死了（生病夭折）。”

大家都不说话，屋里只剩下凝滞的空气。

一直以来，阿莎尔不动声色却又细致入微地照顾着我，何尝不像个母亲一样。透过“蓝盖力”的天窗望向清澈的蓝天，那一刻我察觉到，帕米尔的秋天结束了。

离开帕米尔高原几年后，我在喜马拉雅山另外一边的南亚看到了相同的名字——“阿莎尔”——在印度和巴基斯坦北部是一个常见的女性名字，它是“希望”的意思。无须翻看语言学资料，我坚信，这正是阿莎尔名字的来源。

## 冬，蓝白红

冬天，马尔洋河褪去了丰水期的泥沙色，回到了“蓝色之河”的样子，像一条天蓝色的缎带弯弯曲曲地串起河两岸的田地和村庄。

阿拉吾丁的家就扼守着这条蓝色缎带的最显要处，那里是马尔洋乡迭村和努西墩村的分界点，也是马尔洋河下游的开端处，河面变得宽阔，冬天仍可见到未被冰冻的活水。

勤快的阿拉吾丁在房前屋后的台地上耕种了17亩地，是村里田地最多的人家之一，也是和我最为相熟的村民之一。村里再也没有比他更关心孩子教育的家长，每次见到我总会向我仔细过问儿子在学校里的学习情况。

12月初的一天，阿拉吾丁特意到学校来邀请我参加他弟弟劳努孜克的定亲宴（塔吉克人在结婚前的半年要先举行定亲仪式，并举办定亲宴），他说：“如果我孩子的老师出现在我弟弟的定亲宴上，我们一家人都会感到脸上有光。”于是我欣然应邀。

第二天拂晓，我和阿拉吾丁以及其他村民一起出发了，一行人骑着骡马前往更远的布会吉拉甫村。我们沿着马尔洋河向下游走，刺骨的风沿着山谷吹疼了每个人的脸颊，只能不断用力把大衣裹紧。早晨天空开始飘雪，漫漫洒洒的雪花挂在我们的额头和眉毛上，大家渐渐停止了兴高采烈的谈天，天地间被寂静笼罩，听得见每一步马蹄声和每一朵雪花掉落的声音。

碧蓝色的马尔洋河开始在雪中变得模糊不清。

然而雪花无法掩住一切色彩，一路上总有红色的身影不时在视野中闪现，那是山里的“古丽”们，每一个“古丽”都身着红衣穿梭在风雪中，或拎着水桶去河边打水，或拿着簸箕去柴房拾柴。“古丽”们醒目而温暖的红色，是帕米尔的寒冬里无法埋没的暖意。

在一抹抹红色带来的慰藉中，我们沿着河谷继续前行十几千米，终于在雪后放晴时到达目的地。大家献上定亲的礼头，被女方家属请进房子里，热腾腾的茶点早已备好，茶饭之后，照例是一整天的歌舞欢腾。

傍晚，宴席结束，大家骑着骡马各自回家，我和几个至亲被阿拉吾丁邀请去他家中留宿。宾客们逐渐昏昏睡去，阿拉吾丁却独自喝起闷酒——这是我第一次见到他饮酒。几杯下肚后，阿拉吾丁对我讲起自己的苦衷：作为一家的家长，他要为尚未结婚的三个弟弟张罗婚事，而大弟劳努孜克的婚礼就几乎要击垮他，如今结婚成本越发水涨船高，这一次，女方的父亲要求阿拉吾丁在正式婚礼前送去30只羊、5头牦牛，还有电器、骆驼

帕米尔高原虽然和嘈杂的世界相隔遥远，但并不是人间天堂，这里的人们一样会被忧愁困扰，会被欲念搅扰。但就像冬天的群山被月光和白雪映照成微微的蓝色，这里的人们从不绝望，最终还是要努力朝着自由前进

和其他东西，加起来几乎是阿拉吾丁全家人五年的总收入，阿拉吾丁用光手头所有积蓄，还要四处跟亲友周转，欠下一身债才能达成这门亲事。

“可是我还有两个弟弟呢，还完眼下这笔债要好几年时间，我总不能让另外两个弟弟等十年再结婚……”阿拉吾丁的愁苦比杯中的酒更难下咽。

我不知道该怎么安慰他，沉默片刻后突然提了个不相干的问题：“我来这里快一年了，可是现在我还不知道‘马尔洋’这个词究竟是什么意思呢。”

阿拉吾丁迅速给了我解答：“‘马尔洋’就是天空的意思，我们把这里叫作‘马尔洋’，因为它什么都没有，但它又哈马斯（塔吉克语‘一切’之意）都有。”

阿拉吾丁抿了一小口酒，换了个口气说：“你知道吗，冬天的帕米尔有个秘密，那就是这里的山都会变成蓝色，不信你可以出去看看。”

我打起手电筒出门，望向山谷的两边，月光下薄薄的云层时卷时舒，山头在云中反射着雪和月亮的光，它们真的都泛起了微微的蓝光。我忽然明白，这也正像阿拉吾丁此时心中的色调，忧郁却不绝望，最终还是要努力朝着自由前进。

## 不说再见

我和克里木最后一次见面，是因为冬天村子里的最后一件大事——老人斯拉木的丧礼。作为斯拉木的大女婿，克里木当然要在此时担负起主角的责任。极为少见地，克里木在人们面前吹起鹰笛，唱起歌儿，歌声婉转悠长。

歌声中我想起和斯拉木老人的第一次见面，正是夏天克里木带我在夏季牧场里穿越群山时，那天我们要去往的另一条河谷，就是斯拉木守护的山谷。整条山谷在雪山巨大的冰舌之下，到处是黄土和巨石，只有星星点点的一些牧草。斯拉木老人带着他的两条狗，和儿子、媳妇一起，在这里牧养牛羊。荒凉的冲积台地上一座带有红色门窗的土房子，是他们在牧场的家。

斯拉木，就是那个曾经在亚勒黑特山谷从狗熊口中逃脱的人。更令人吃惊的是，他能讲一口极流利的汉语，那来自他年轻时所经历的乡村干部生涯。他和我细数起帕米尔高原每个年代的故事，他花白的头发和胡子之间似乎藏满了故事。对于没有文字的塔吉克人来说，每个老人都是一座堡垒，他们经受了时光的磨砺和冲击，守卫着帕米尔的历史与传说。而现在，又一座堡垒在岁月风霜中倒下了。我听见克里木在唱完歌之后，发出轻轻的叹息。

帕米尔高原虽然和嘈杂的世界相隔遥远，但并不是人间天堂，这里的人们一样会被忧愁困扰，会被欲念搅扰。让我不能忘怀的是那月光和星光映照出的蓝色，它既是忧郁的色彩，也是浪漫和自由的色彩。

丧礼之后不久，学校突然收到了放假的消息，于是和来时一样，我匆匆地离开。几乎每个人都来和我道了别，可我始终没看到克里木，阿莎尔告诉我，克里木此时不在村里，他又独自去了某条山谷。

我竟没有感到一丝遗憾，因为我知道，总有一天，我们会再相见。

# 高原游牧，移动的精神家园

撰文 陈祥军 · 摄影 包迪箐

帕米尔群山之巅终年覆盖的冰雪消融成河水，顺着山谷流向山间盆地，养育了河流两岸的天然牧场。塔吉克族牧民常年在东帕米尔高原的高山、沟谷和盆地间放牧，过着随季节迁徙的游牧生活。由于独特的生存环境，塔吉克人在千百年来与自然相处的过程中，形成了具有高原特征的游牧生计和文化。

摄影_小强先森

转场出发前，牧民们紧张地进行准备工作，将各种家当牢牢地捆绑在牦牛身上。牦牛被称为“高原之舟”，是高原牧民主要的交通运输工具之一，负重力强，走路又稳，对转场起着重要的作用　　摄影_叶金

## 家族合作，完成复杂的游牧过程

游牧民逐水草而居，给人留下他们似乎总在“漫无边际”地寻找水草的印象。实际上，自古以来游牧民并非“自由散漫到处游荡”，而是随季节更替，循着相对固定的牧道，在不同海拔高度的牧场间移动，进行有规律的转场。勇敢智慧的塔吉克人遵循高原游牧规律，放牧区域和移动路线依据高原地形地貌及气候特征而定。放牧区域以雪山、河流、沟（河）谷两侧的山脉为一个整体，随季节划分出夏、冬及春秋牧场，并根据草场承载力划分出若干个放牧单位。每个沟（河）谷里根据牲畜的承载量，居住着十几到几十户牧民，分别来自若干个家族，他们之间都有或近或远的血缘关系。

家族合作是塔吉克族适应高原恶劣环境的最佳策略。牧业生产中的很多环节本就需要群体合作才能顺利完成，帕米尔高原异常严酷的自然环境和特殊生产方式，更是决定了单家独户无法完成复杂的游牧过程。传统的血缘家族能为个体牧户提供最可靠的保护，这也是塔吉克族家长制大家庭至今存在的重要原因。一个塔吉克族大家族中一般包含好几个小的核心家庭，生产中分工合作，互帮互助。家族中的长辈依靠经验、知识和权威维系着整个大家庭。

赛里木的家在塔什库尔干塔吉克自治县提孜那甫乡提孜那甫村，是一个有十几口人的典型塔吉克族大家庭。赛里木这一辈兄弟四人，两个哥哥都成家有了孩子。赛里木家与他叔叔家一起合作放牧。叔叔家由三个小家庭组成，也有十几口人。在库科西鲁克乡、达布达尔乡及塔什库尔干乡，我所拜访的牧民家庭几乎都是以大家族形式存在。每个家庭基本都是十几、二十几口人生活在一起，

按照传统习惯，每次转场起程前，亲朋邻里都会来相送，有时还会举行隆重的仪式——宰羊、撒面粉、念祷词，祈求一路平安、转场顺利　　摄影_叶金

彼此之间相处融洽。塔吉克族日常生活中有许多颂扬团结互助的谚语——“一家奶的数量虽然少，各家的奶可淹死虎豹”“合群的蚂蚁能咬死毒蛇”。

## 转场，一次迁徙

对每个家族来说，最不敢懈怠的是转场——整个游牧过程中连接四季牧场和完成一个完整牧业生产周期的重要环节。帕米尔高原大部分区域是以季节性转场为主，夏季在高山牧场，冬季在河谷盆地。整个过程忙碌、烦琐而艰辛，要做好转场前准备、转场时间和路线规划，以及突发自然灾害的应对等一系列工作。

一次转场，就如同全家人带着牲畜在高低海拔间的一次迁徙。过去牧道简陋，缺乏现代交通、通信工具，一转场可能几个月都见不上一面，再加上转场途中充满未知和各种艰难险阻，因此，每家每户转场前，亲戚、邻居都要前来相送，在出发那天举行隆重的送别仪式。这样的相聚和告别，是牧民们彼此之间重要的心理支撑。

8月底、9月初，提孜那甫村的牧民们已经在海拔近5000米的达如扎夏季牧场度过了一个短暂的夏季，即将搬迁到山下的琼塔西秋季牧场。

同一个山谷里的牧民们都走动起来，由于牧道陡峭狭窄又崎岖不平，他们要事先商量好每家每户转场的时间和顺序，以免引发途中的“交通堵塞”。男人们抓紧时间清点牲畜，把瘦弱或残疾的牲畜提前送下山。女人们则忙着修补毡房的围毡，冲洗晾晒毡毯、衣物；准备馕、奶酪、酸奶等路途上的食物和日常生活用品。过去交通不发达时，要在

转场是塔吉克人家生产中的大事，足以影响一个家庭一年，甚至数年的生计。生存能力较弱的小羊羔们会得到额外的照料，在路况险峻或水流湍急处，小羊羔们会由牧民们怀抱着通过　　摄影_刘湘晨

路上夜宿好几天才能到达秋季牧场，还得捡拾足够的柴火和牛粪做燃料。

到了转场那天，全家人天不亮就起来忙碌，亲戚邻居们也都赶来帮忙。就着奶茶匆忙吃点馕后，女人们麻利地收拾起家当，有时为了赶时间，前一天就要把毡房拆掉并打包好。粮食、被褥、炊具、柴火和其他家当，分门别类捆绑在骆驼、牦牛、驴子身上。离开营地前，按照习俗在棚圈周围点燃烟火，庇佑转场顺利，这是塔吉克人历史上曾信仰过的拜火教的遗存。

转场的速度并不快。牛羊们刚在夏季牧场享受了近三个月的丰盛水草，养得膘肥体壮，转场途中要放缓行进速度，否则容易掉膘。女人们肩膀上扛着酸奶和鲜奶——以防泼洒出来，步行跟在牲畜后头。

牧道险峻，要翻山涉水。夏天的雨季里，河水滔滔奔腾，横跨河上的简易木桥可供人通行，但大部分牲畜要蹚河而过，小羊羔在惊慌之中很容易被湍急的河水冲走，男人们就会在下游拦截，连拽带拉把它们拖上岸。转场途中还会遭遇突发的气候、环境变化，如暴雨、泥石流等，牲畜死伤的情况也时有发生。

如今的转场，相较过去已经便利多了。很多牧场修建了简易牧道，拖拉机可以直接开到营地。牧民们把所有家当，甚至连同小羊羔都塞进车厢里，早上出发，下午就能到达秋季牧场。但简易牧道并没有延伸到每个牧民的家门口，大部分牲畜依然要像过去一样由牧民边走边牧，耗费几天时间才能到达下一个营地。

## 秋牧场，团聚与庆典

赛里木一家已经从夏牧场跋涉到位于新申关沟的琼塔西秋季牧场，他们将在秋牧场停留一个多月，大约在9月底搬到距离提孜那甫村7000米的克西别克冬牧场，具体每年停留的时间还要根据当年的天气情况而定。由于地理环境和海拔高度的差异，各乡的牧民在秋季牧场停留的时间并不一样，甚至同一个乡在不同沟谷的牧场，转场时间也不一样。达布达尔乡的牧民在秋牧场从9月一直待到12月，瓦恰乡的牧民则从9月待到11月中旬。

秋季，是团聚的时节。牧民大都从高海拔的夏牧场下山了，居住地比较集中，农作物也基本收获完毕，闲暇时间和富余劳动力相对较多。因此，秋季是塔吉克牧民集中办婚礼的时段。牛羊肥壮，在婚礼上被消耗得最多——客人们来了要宰牛羊；男方给女方家的聘礼也是牛羊；婚礼中的庆典活动同样需要，如赛马及牦牛叼羊。

秋牧场上另一件重要的事情是给牲畜配种。牧民为了控制来年产羔的时间，会提前把种公羊分隔出来单独放养，到9月底、10月初才把它们放回羊群进行配种。如果母羊产羔太早，小羊羔很可能因无法抵御严寒而死。

## 冬牧场，严寒中蛰伏

11月中下旬，牧民们都已搬到了各自的冬牧场，一直停留到来年4月底。

除了负责放牧的人，冬季是牧民一年中最为清闲的时节。女人们也会利用这段时间制作各种编织和刺绣品，如妇女们戴的库勒塔帽，男子戴的吐马克帽，还有鞍垫、马衣、腰带等。

然而对冬季放牧的人来说，这大概是一年中最辛苦的活计。冬天昼短夜长，天不亮就要出门放牧；天寒地冻，有时甚至会连续下三四十天雪，温度降至零下30摄氏度左右，牧民在这种极寒的天气中要徒步5000米左右去放牧，晚上回来还要给羊群补充饲料。一旦赶上天气突变，比如遭遇暴雪，羊群被困得饥寒交迫，抢救羊群就成了头等大事。高原上若遭遇雪灾，边防战士都会及时赶去救援牧民和羊群。

到了二三月份，进入母羊产羔的时节，牧民每天都会随身携带一个袋子，把刚产下的羔羊及时放入袋中保暖，以免冻死。晚上还要定期去羊圈观察，如果半夜有母羊产羔，得把它们带进毡房，立即给羊羔喂母羊的初乳。羊羔刚出生的头一个月需要悉心照料，稍有疏忽都可能导致死亡，牧民来年的希望就破灭了。等到羊羔会吃草了，就要和母羊分群放牧。以前牧民都是三四月份接羔，而今提前到一二月接羔，这和牧民定居、全球气候变暖以及接羔条件的改善都有关系。

## 春牧场，整个山谷都躁动起来

初春时节依然寒冷，风雪天气一般会持续到3月份。塔吉克人开始为春耕和春季转场忙碌起来。

3月，塔吉克族要过独特的传统节日——引水节。春季来临，砸冰引水入渠，开垦播种。引水节的第二天是播种节。引水节前后还有肖贡巴哈尔节（春季昼夜平分的那一天，一般为3月21日），意为“迎春”。迎春的传统可以追溯到远古时期生活在中亚从事游牧的伊朗部族，他们根据游牧规律将一年分为春秋两季。每次春季转场前，要庆祝新生活（迁徙的游牧生活）的开始。肖贡巴哈尔节当天，人们走亲访友，预祝来年丰收。节后，便开始准备春耕生产了。

塔吉克族农牧兼营，以牧业为主、农业为辅。为了遵循牧业的转场周期，农作物的种植周期会据之进行调整，比如提前春播是为了赶在秋季牲畜下山前，将庄稼收割完毕。

进入4月，气温逐渐回升，积雪开始融化，母羊也基本产羔完毕。牧民们即将为新一年的转场开始忙碌。受气候影响，在高原上形成了“秋冬雪赶羊，春夏羊赶雪”的转场规律。不同年际的降雪（雨）时间和数量都有变化，转场要根据当年的天气情况随时做出调整。

4月底，赛里木家开始从冬牧场向春牧场慢慢移动。春秋牧场位于同一处，转场前，赛里木已经提前去牧场上修缮好房子和棚圈，准备好取暖、做饭用的木柴和牛粪。牧民们在春牧场停留的时间较短，一般一个月左右。随着气温升高、积雪融化，沟谷里流水汹涌奔腾，青草很快覆盖山野。5月底，远山青草的味道诱惑着牛羊，整个山谷都躁动起来。牦牛一般会比牛羊群提前一个月迁往夏牧场，它们无法忍受山下大地回春的温暖气息。

## 夏牧场，一年中最忙碌的时节

每年6月初，赛里木家会从春牧场转到新申关沟的达如扎夏牧场。转场那天，照例要举行隆重的送别仪式，此后还要去家族的麻扎祭拜，以得到祖先的庇护。

现在每年转场，乡政府会通知牧民具体时间，并安排专人负责调度。

县城的学校、乡里的初中按照国家规定统一放寒暑假，乡里小学的放假时间则受转场影响，从5月20日开始放假，一直到9月1日开学，没有寒假。这样既可以让孩子们帮家里

夏牧场，水草丰茂，白色的羊羔星星点点地撒落在一片碧绿中，这是一年中最生机勃勃的季节　摄影_高嵩

转场既是塔吉克人的一种生产方式，更是技能和文化传承的过程，承载着无数代塔吉克人的历史与社会记忆

干些活儿，也对传统牧区文化的传承起着积极的作用。

夏季牧场水草丰盛、气候温和，是一年中环境最舒适，但也最忙碌的时候。牧民们要给绵羊和牦牛剪毛，给羊羔断奶，每天挤奶、制作各种奶制品，还要制作毡毯。不同种类的牲畜，剪毛的时间也不一样，牦牛6月份开始剪毛，公羊7月份剪毛，母羊8月初剪毛。羊羔断奶后，要和母羊单独分群放牧，还要把种公羊集中起来单独放牧，因而整个夏季放牧需要较多人手，通常是三到五个家庭联合放牧，男人们负责运输生活用品和放牧牛羊群，妇女们在家里烧茶、打馕、挤奶、制作各种奶制品、给牲畜剪毛，以及照顾老人、小孩等。

## 世易时移，塔吉克人不会放弃游牧

塔吉克族整个游牧过程已经形成了一种秩序，成为人人遵守的习惯。这种习惯的形成，基于他们对严酷环境的共同认知。

由于塔什库尔干县草场环境差异较大，牧民居住分散，家族规模也会随季节变化而有所增减。全县牧民们主要聚居的几条山谷之间隔着常年积雪的高山和汹涌的河流。根据地形地貌、放牧区域及交通情况，县域内主要分为两个牧区。一区指314国道沿线的科克亚尔柯尔克孜族乡、塔合曼乡、提孜那甫乡、塔什库尔干乡、达布达尔乡、麻扎尔种羊场等地，因位于公路沿线，有机械化转场的条件，可以用拖拉机、卡车等交通工具直接把物资和羊羔拉到牧场。二区指瓦恰乡、马尔洋乡、库科西鲁克乡、大同乡这些交通不便的乡村，转场时所有家当主要还是依靠牦牛和毛驴来运输。

对塔吉克牧民来说，以机械化运输工具为特征的现代化转场，并不完全意味着福音。2009年开始，塔什库尔干县部分牧场开始试点“机械化转场”，降低了幼畜和弱畜在转场路途中的死亡率，也免除了老人、孩子的风餐露宿之苦。但用卡车装运牛羊转场，也会出现由于颠簸，羊群互相挤压碰撞受伤，以及下车后因身体不适无法好好进食、膘情下降等情况。有牧民认为，从畜种选育方面来说，边走边牧的转场方式可以筛选出羊群中的优势品种。虽然现代化的运输工具和技术手段作为辅助，给转场提供了更好的后勤服务和保障，但牧民们在整体上依然遵循着传统的游牧规律。

随季节更替移动的转场，既是塔吉克人的一种生产方式，更是他们的生活方式。转场是传统游牧技能和文化知识传承的过程，承载着无数代塔吉克人的历史与社会记忆。唯有转场最能体现高原游牧的文化特征。家族的血脉关系、邻里的互助、社会的秩序、隆重的送别仪式、虔诚的麻扎祭拜等，都依附在转场的路途中。

随着现代化进程的加快，帕米尔高原的塔吉克游牧方式也正在经历各种变化和改造，有人预言这种随季节垂直移动的游牧方式终将消失。其实，这些变化恰恰反映出塔吉克人对现代化做出的应对策略，他们用拖拉机、卡车代替牦牛运输，用摩托车代替马匹，用煤气罐代替牛粪，但他们并没有放弃游牧，正如塔吉克民间流传的那首歌谣：“只有翱翔蓝天的雄鹰知道帕米尔高原的宽广；只有古老的鹰笛知道年轻猎手的情伤……”塔吉克牧民内心自有其笃信，他们要跟随牲畜追逐水草，他们的家园是移动的，如果停止移动，他们将失去牲畜，失去源远流长的“鹰”文化，失去自己的精神家园。

# 婚礼，高原狂欢

摄影 叶金

新郎、新娘一起吃下经祈诵加持、由拜德尔汗（婚姻之父）亲手送上的肉、馕、酸奶或奶茶，表示之后将一起生活，同甘共苦。

在秋高气爽、婚礼密集举行的9、10月，整个帕米尔高原都躁动起来。此时牛羊肥壮、食物充足，牧民大都从高海拔的夏牧场下山，居住相对集中。对大家庭制、血缘关系十分紧密的塔吉克人来说，婚礼是需要调动整个部族参与的大事。而对刚结束农事、获得丰收的高原塔吉克人来说，婚礼是他们一年来为数不多的肆意娱乐、享受生活的机会。所以通常一家举行婚礼，全村人都沉浸在节日般的狂欢气氛当中。

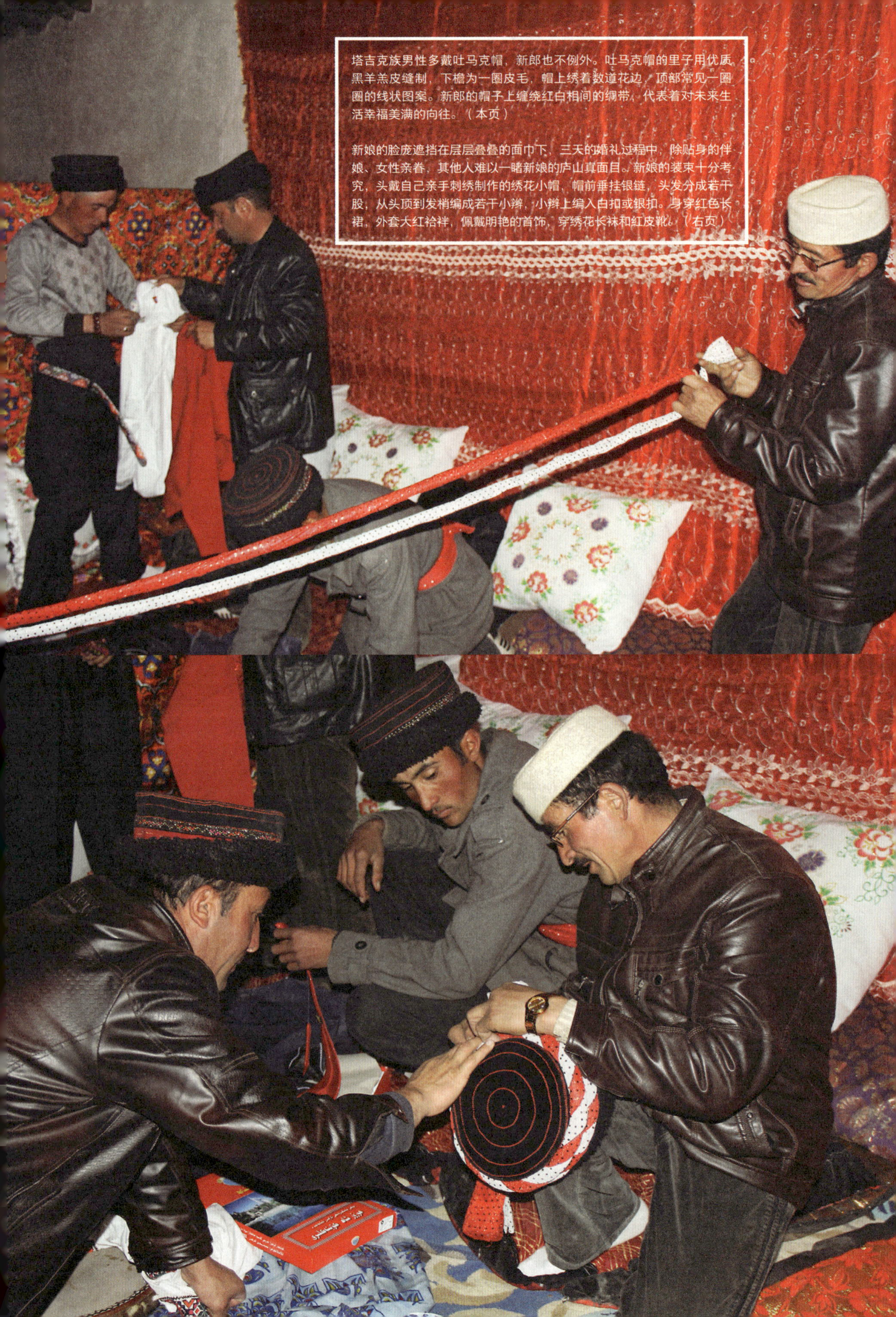

塔吉克族男性多戴吐马克帽，新郎也不例外。吐马克帽的里子用优质黑羊羔皮缝制，下檐为一圈皮毛，帽上绣着数道花边，顶部常见一圈圈的线状图案。新郎的帽子上缠绕红白相间的绸带，代表着对未来生活幸福美满的向往。（本页）

新娘的脸庞遮挡在层层叠叠的面巾下，三天的婚礼过程中，除贴身的伴娘、女性亲眷，其他人难以一睹新娘的庐山真面目。新娘的装束十分考究，头戴自己亲手刺绣制作的绣花小帽，帽前垂挂银链，头发分成若干股，从头顶到发梢编成若干小辫，小辫上编入白扣或银扣。身穿红色长裙，外套大红袷袢，佩戴明艳的首饰，穿绣花长袜和红皮靴。（右页）

婚丧嫁娶这样的人生大事，在塔吉克社会中从来不是单纯个人的事。一旦谁家要办婚事，亲戚族人、知己好友都会赶来，甚至长途跋涉几天，来为婚礼做准备。

婚礼一般要持续三天。第一天，男女双方各自在自己家里庆祝，亲朋好友携礼前来贺喜，母亲或重要的女性亲戚会在礼品上撒上面粉，以示吉祥。第二天，各自在本村举行更大规模的娱乐活动。帕米尔高原上交通不便，新郎带领的迎亲队伍这天可能就要出发赶赴新娘家。摄影 包迪

女性亲眷最重要的任务之一是准备婚礼用的食物——馕、抓饭、哈克斯、油果子等，她们一边干活，一边念念有词，说着祝福新人的话——希望他们婚姻之路平坦，未来生活幸福。男人们则忙着准备做抓饭的羊肉。（上图）

塔吉克人的婚礼是向所有人开放的，即便是偶然路过的陌生人也会被热烈欢迎来参加婚礼，享用新人家精心准备的食物。手鼓打起，鹰笛声响起，婚礼的序幕正式拉开。最先起舞的一般是家族中较受尊敬的长者，在他们的带领下，人们轮番进入位于主屋中心的“舞场”，舞蹈甚至会持续到第二天，彻夜狂欢不眠。（下图）

结婚仪式由宗教人士主持。早已准备好的一头羊在大家的祷告中被宰，为新人大礼驱邪。（上图）

新郎到新娘家接亲是整个婚礼的高潮。迎亲路途遥远，新郎和迎亲队伍一路歌舞而来，沿途拜访亲友。到达新娘家中时，女方家中长辈会向新郎及伴郎肩上抛撒面粉以示祝福。然后，男方派代表将聘礼交与女方查点，确认是否与订婚时商定的相符，接着便举行结婚仪式。（下图）

仪式时，所有来参加婚礼的人都要在场，新郎、新娘分站在两边，宗教人士念诵完事先准备好的经文，新郎、新娘一起吃下经加持过的食物，象征共同生活的开始。新人交换过缠绕有红白绸带的戒指后，由长者将满满一碗糖果、核桃、杏干等甜蜜食物从新郎、新娘头顶倾倒而下，寓意生活甜蜜和期盼后代。（上图）

傍晚，迎亲队伍启程返回，新娘挥泪与家人辞行。返程路上也是一路奏乐歌唱，好不热闹。到达夫家时，男方家人也会抛撒面粉以示祝福。新娘在夫家揭下面纱后，第一件事就是打馕，象征她在新的家庭开始新的生活。新娘的装束常常会穿戴一年到一年半，按照传统，诞下第一个孩子后才会褪去红装。（下图）

# 塔吉克民歌，流淌过帕米尔高原的音乐之河

撰文 宁二 摄影 吴穹 等

摄影_王毅楠

谈中国塔吉克，必谈《冰山上的来客》及其主题曲——从塔吉克族传统民歌《古丽碧塔》改编而来的《花儿为什么这样红》。它们是现代塔吉克族出现在全国人民面前最初、最经典的形象定格。然而，当我来到塔什库尔干寻访民间歌手和艺人时，听到的第一首歌，就狠狠地冲击了我被历史所束缚的固定视角。帕米尔高原上的塔吉克族有着非常丰富而多元的音乐文化。

亲爱的苹果花，我的心在花丛中如雄鹰般飞翔，

无论流多少汗水都心甘情愿。

心爱的苹果花，我的心在漫山遍野中寻到了真爱。

《苹果花》

塔什库尔干塔吉克自治县班迪尔乡的塔吉克传统民居蓝盖力里，只一个手鼓伴奏，63岁的麦热木汗·阿迪力老人唱起了爱情的歌谣《苹果花》。歌声苍茫辽阔，自由若盘旋的苍鹰。那一刻，我只想抬头，透过蓝盖力的天窗仰望蓝天。

这是我在塔什库尔干密集寻访民间歌手和艺人时听到的第一首歌，就狠狠地冲击了我被历史所束缚的固定视角。

谈中国塔吉克，必谈《冰山上的来客》及其主题曲——从塔吉克族传统民歌《古丽碧塔》改编而来的《花儿为什么这样红》。它们是现代塔吉克族出现在全国人民面前最初、最经典的形象定格。

如果不是来到塔什库尔干寻访民间音乐，我不会知道在被符号化了的《花儿为什么这样红》之外，帕米尔高原上的塔吉克族有如此丰富而多元的音乐文化。对如今没有文字的塔吉克族而言，音乐是这个只有五万余人口的民族的真正脉搏，是塔吉克文化最独特也最重要的基因，更是他们的血液和精神之终极依归。无论在《花儿为什么这样红》之前，还是之后，塔吉克人的音乐故事都从未停歇。

## 班迪尔的白鹰

依然只有一个手鼓伴奏，热依木巴依·木布拉克夏唱起了《白鹰》。他一开腔，便是一句句高音处的呼号，嗓音带着沙砾感，旋律急促，两句之后，三个帮手伴唱副歌，呼和之间，气息反复，像急行军，又若剖心告白。

在班迪尔乡热依木巴依家，四个男人呼喊之间，震动肺腑的歌声响起，带来的是逼人灵魂出窍的神圣气场。“这就是我们塔吉克民歌最典型的形态，一个人唱不好，大家一起唱才好。”热依木巴依的汉语不是很流利，却愿意努力表达。这位54岁的新疆维吾尔自治区级塔吉克民歌传承人，6岁开始跟着长

白鹰像疯驼将我责难，（我愿意永远将白鹰陪伴）

如此世道不会久长。（我愿意永远将白鹰陪伴）

天上的乌云终要消散，（我愿意永远将白鹰陪伴）

阿嫂的笑脸总会被揭穿。（我愿意永远将白鹰陪伴）

《白鹰》

鹰笛是最具塔吉克民族特色的一种乐器，一般用鹰翅骨制成，常用手鼓伴奏，声音高而细，能传数里。出于动物保护的考虑，新的鹰笛早已不再制作了　　摄影_包迪

塔吉克族男女老少，人人能歌善舞。过节或操办喜事，歌舞必不可少。舞蹈时，众人围成一圈，一对对相继到圈子中央跳舞，跳得好的会赢得一阵阵喝彩

婚礼上，手鼓、鹰笛伴奏下，塔吉克族女子跳起热情似火的舞蹈。鹰舞最为常见，塔吉克人将鹰的动作作为基本舞姿，随着音乐节奏随意变化，步法矫健，姿态健美

辈在节日婚庆的场合唱歌跳舞，耳濡目染。他的爷爷阿扎拉也是非常有名的歌手。

“1972年，我爷爷去世前还唱了这首歌。据说他唱了三首歌才咽气。”热依木巴依递给我一张因年代久远而模糊不清的黑白照片，居中的阿扎拉戴着塔吉克皮帽，浓须花白。热依木巴依17岁时，有听他唱歌的人说：“阿扎拉活过来了！”

查阅塔吉克音乐文献可知，《白鹰》是塔吉克族最重要的历史叙事歌曲之一。鹰是塔吉克族的图腾，鹰笛、鹰舞已成为塔吉克文化符号，而民歌中通过鹰来歌唱英雄的曲目，属《白鹰》最为著名。《白鹰》的故事发生在19世纪下半叶的塔什库尔干：两名歌手为人所诬陷，被当时的地方官艾力普伯克（伯克为当时新疆天山南路地区的地方官吏）判处死刑，两人巧妙地用歌声赞颂伯克，并申诉自己的冤情，得到了伯克的赦免。

热依木巴依无法解释为什么他的祖父阿扎拉去世前要唱这首急切雄壮的叙事歌谣，也许土地是理解这首歌被热依木巴依家族不断传唱的密钥。《白鹰》的作者是一位名叫达里的塔吉克族牧民、阿扎拉的同乡。达里出生于1840年，青壮年时期正值阿古柏入侵塔什库尔干的时代，他曾在伯克手下当兵，是重要历史事件的亲历者。1972年去世的阿扎拉与老乡达里之间的历史已经无法厘清，但《白鹰》成了他们共同的家乡班迪尔的时代之歌。

## 民歌窝子里的伊萨克

《奥法希优富山》，由伊萨克填词作曲，他是热依木巴依的叔叔。在塔什库尔干，无人不识班迪尔乡的伊萨克。

热依木巴依找来一张一寸的黑白小照，说：“这是伊萨克，我叔叔，阿扎拉的儿子，他的歌唱得也特别好。我爷爷去世前唱歌时，他就在。”他又指指墙上的相框，是一张伊萨克的四寸照片。照片上的中年男人，二八分的知识分子发型，浓眉间带着英气，留着漂亮的小胡子，微笑着。

诞生《白鹰》的班迪尔乡是个不折不扣的民歌窝子。据新一代塔吉克知识分子描述，班迪尔乡是塔吉克文化的中心区域。而乡里过去40年的音乐核心，正是阿扎拉一家三代的自然传承。

生于1942年的伊萨克，1958年从喀什师范学校毕业后回县里的中学教书，因为热爱文艺，尤其喜欢音乐，于1961年调入县文工团工作。1984年因病去世前，他整理了大量塔吉克民歌，自己也创作了两百首之多。直到今天，无论在民间，还是县政府的歌舞晚

---

心灵的乐园班迪尔，你是我仙境般美丽的家园，

我心花怒放在你繁花似锦的怀抱间。

心上人向我走来，不知道你又去向何方。

告诉我你的肺腑之言，你是我永生之爱。

《奥法希优富山》

---

会，甚至广播电台的节目《新疆好声音》上，伊萨克创作的歌曲仍被传唱。

我问过很多塔吉克人，伊萨克的歌曲究竟好在哪里，为什么男女老少都爱听爱唱？他们给我的答案大体相近——“从生活上，从爱情上，都是好的，写的、唱的都是我们塔吉克族的事情。”据说，伊萨克什么乐器都会，鹰笛、热瓦普、赛依吐尔、塔吉塔尔……他到的地方，总会有持续一两晚的歌舞之夜。

一个人去世30多年后，他的族人仍然在聆听他，反复地言说他，他一定是这个民族最贴心的音乐表达者。或许，为音乐而生的伊萨克就是塔吉克族最动人的那支麦克风。

几经周折，我找到一段据传录制于1976年的伊萨克录音档案，应该是从磁带上转录下来的。仍然是领唱和合唱的方式，听得见塔吉克热瓦普的低音节奏。磁粉掉落之处，音符模糊消失，只听得清一个男声平静地吟唱着《奥法希优富山》。没有今天年轻歌手华丽的抒情与高音炫技，那是农牧时代的浅吟低唱。

在电子媒体还没有普及的时代，音乐总是带着一种神圣的静谧感，纵然欢乐，也是内敛的；纵然是表演，也带着人性本能的羞涩。等电子媒体和电声乐器到来，新的审美观念开始流传，一切都不一样了。

变化的另一个重要原因，是环境——“仙境般美丽的家园”老班迪尔乡已不复存在。现在热依木巴依所在的班迪尔乡，并非诞生达里、阿扎拉和伊萨克的老班迪尔乡。2003年，因老班迪尔乡所在的区域要修建下坂地水库，大部分农牧民陆续搬迁至现在距离县城约5000米的新班迪尔乡。老班迪尔乡有两条河——塔什库尔干河与瓦恰河。在山区和高原，有水就有生机与活力，加之海拔较低，水草丰美，不乏良田。老乡说：“老班迪尔连西瓜都可以种。”在热依木巴依家，我看到一盘记录了当年他们在老班迪尔乡过节的录像，环境的丰饶和南疆绿洲农业地区的村庄相差无几。

地理环境对社会风俗和文化传统有巨大的影响力。老班迪尔乡相对丰饶的生活环境孕育了人才和传统存续的基因，千年塔吉克文明积淀出的文化传承，在被水库淹没和整体迁徙后，只剩下一曲曲离散与思念之歌。

## 塔吉克的雅尼

玉克萨克家就在热依木巴依家斜对面。玉克萨克是热依木巴依的堂弟，也是伊萨克的长子。如果问塔什库尔干的年轻人，最喜欢谁的歌？十有八九听到的名字是玉克萨克。他是阿扎拉家族三代人中，离如今的年轻人

---

帕米尔的水如此甜而清澈，你却没有丝毫留恋吗？

你的旅程是否在山长水远的荒郊孤岛，为何总是迟迟未归？

我的爱人啊！我准备离开班迪尔了，

而你还是迟迟未归，你还是不在我身旁。

《你没有回来》

---

玉克萨克（左）和依加巴塔一起弹着巴朗孜阔木唱歌　　摄影_连姝凝

巴朗孜阔木，历史悠久的塔吉克弹弦乐器。传统为7根弦，后经塔吉克艺术家不断改革。通常外弦为主奏弦，其余为共鸣弦，经常将两条相邻弦定为同音。演奏时，左手持琴按弦，右手用木制拨片弹奏　　摄影_连姝凝

最近的一个，和他父亲伊萨克一样，没有人不知道唱歌的玉克萨克——“塔吉克的雅尼”。

塔吉克年轻人手机里传播的MV（音乐录像）中，玉克萨克是鹰一般的歌者和舞者。在一个名为《鹰之翔》的MV里，高山巅，草原上，身着鹰翅演出服的玉克萨克模仿着鹰的各种动作，展翅、翱翔、俯览、跳跃，潇洒俊美，锐利而深邃的眼神带着雄鹰般的孤独与骄傲。

玉克萨克从8岁开始跟着父亲伊萨克一起唱歌，1988年从喀什艺校毕业分配到塔什库尔干县文工团，成为一名舞蹈演员。1991年，玉克萨克写了自己的第一首歌《我来了》。1994年，他和文工团的同伴一起合作，推出了自己第一张专辑，专辑中收录了3首传统民歌和9首原创歌曲。在那之后的十几年里，玉克萨克又推出了5张专辑，每张收录12首歌。他说原创歌曲共有80多首，创作的歌词或记在笔记本上的诗就更多了。

问玉克萨克的歌迷，他的歌好在哪里，所有人的回答都是：“歌词特别好！”再问词为什么好，他们会给出一个令人啼笑皆非的答案：“有些词和句子，我们都听不懂。”玉克萨克的歌用了很多古老的塔吉克词语，今天在学校里学习维吾尔语或汉语的年青一代多已不再掌握。

“现在不是学维吾尔语，就是学汉语，学校里也不教塔吉克语，如今塔吉克语里有很多其他语言的借词。我就用传统的塔吉克语，不用借词。”替玉克萨克做翻译的，是他正上初中的小女儿木丽克加瓦尼，汉语流利。她替爸爸补充说：“现在的塔吉克人听到这些歌时，就不会忘记古老的词语。”

玉克萨克歌唱爱情的歌让人动容，比如《你没有回来》。除了爱情，他的歌还有很多与生活、社会相关的内容。他歌唱环境、农作物、捕猎、放牧，甚至奶茶。在一首名为《安拉的使者》的歌中，玉克萨克一边歌唱爱情，一边谈论道德。在一首名叫《我犯错了》的歌中，他谈论的是好与坏的伦理问题。一位歌迷对我说，玉克萨克的歌有很强的预言性。这说法太过神秘，但能确定的是，他的歌在一定程度上回应了塔吉克社会的变迁与情绪。

年届半百的玉克萨克如今已经不太唱歌了，他戴黑色棒球帽，穿着猩红色呢子上衣，个头不高，十分沉默，与《鹰之翔》MV中那个年轻俊美的形象已相去甚远。因为我的到访，他站起身，在塔吉克最独特的乐器巴朗孜阔木的伴奏下开始唱歌，身边是他年轻的仰慕者们。低低的调门，像是在回忆，情感收拢，甚至是试探性的。偶尔他会忘词，旁边的年轻歌手立刻轻声跟上，用异常尊敬的态度给他提词，一次又一次。等停下，他指指自己的脑袋说：“现在记性不好了，很多词记不住了。”2006年，玉克萨克突发脑溢血。在那之后，他的体力和记忆力已大不如前。

我问玉克萨克如何评价他的父亲伊萨克，他说父亲最大的贡献，是把独唱带给了塔吉克人。“在他之前，塔吉克族个人独唱的歌曲只有《古丽碧塔》，其他民歌都是一人主唱、其他人伴唱的形式。”我又问玉克萨克如何看待现在的年轻歌手，他说：“他们唱流行歌曲是好事，现在的人要用现在的方法。但不该用那么多其他语言的借词，我们有自己的母语，不应该丢掉它。”

我爱你，我的孩子。
你是我生命的一束光，
我要用丝绸做你的被子，
用黄金做你的摇篮。
我爱你，我的孩子。
家里有孩子，爸爸妈妈都高兴，
家里没孩子，就像坟墓般安静。

《我的孩子》

## 新一代年轻歌手

给玉克萨克提词的年轻人中，32岁的依加巴塔声音最好听。他开口唱歌时，如一阵清凉的风裹着沙吹了过来，风在飘旋，沙砾颗颗贴过来又飘走。高低之间，他的声音营造出极富质感的丰富空间。

不只塔吉克族，几乎所有新疆男歌手都追求一种沧桑感。这是西域民族语言独特发音延展出的特点，更是戈壁沙漠与高原雪山之间的生活所磨砺出的雄性美学，如果一个男人拥有尖细的声音，可能会被鄙视。在民间歌手中，很少听见男人唱假声来飙高音。他们要么低沉如鼓，将心事藏起；要么扯开胸膛，用嘶吼把心掏出来让你看。真声能自由地在高音处转换，却仍然带着如沙砾磨炼出的高原质感，难怪依加巴塔被一位常居塔什库尔干的汉族朋友称为“最被看好的年青一代歌手”。

和其他民歌手一样，现在是塔什库尔干县文工团专职演员的依加巴塔，音乐生涯也来自小时候的耳濡目染。跟随长辈一起参加的婚礼上，昼夜不停的欢快歌舞启蒙了他，而他又和所有的歌手一样，继续在婚礼上歌唱，分享快乐。一次乡间婚礼，已然深夜，依加巴塔在吹起鹰笛、跳着鹰舞的人群中，突然放声歌唱，按照塔吉克民歌的传统，围成圆圈的男人们在两句之后重复相和。帕米尔的星空下，手鼓伴奏中男人们的呼和，陡然成了自由放纵的肆意狂欢。

依加巴塔是塔吉克半职业民间歌手的最新一代传承者。25岁开始录自己的歌，每年录一首。每个塔吉克民歌歌手都有自己的歌词本，依加巴塔也写了很多，唱出来的有26首。我问他最喜欢哪些，他提到两首——《我的孩子》和《无情的姑娘》。

塔吉克民歌手们写给孩子的歌非常多，家庭之重要性，可见一斑。爱情则是所有民歌最普遍的母题 。

过去，塔吉克族弹弦乐器巴朗孜阔木属于清真寺和阿訇（伊斯兰教教职称谓）。传统上它是阿訇念诵经文时的伴奏乐器，并不用于世俗音乐。世俗化后，这曾经神圣的乐器才走进了普通人家。

从神圣到世俗化的半个多世纪里，巴朗孜阔木是塔吉克音乐流变的一个符号。从唱《白鹰》的达里，到阿扎拉、伊萨克、热依木巴依、玉克萨克，再到依加巴塔，他们是川流不息的塔吉克民歌河流中跳跃的音符。

依加巴塔自己的歌，多是从塔吉克民歌中变化而来的，灵感包括玉克萨克的塔吉克新民谣。但当我问他最近在听谁的歌，他拿出手机，给我播放了塔吉克斯坦歌手 Ruzibeki Fayzali 和伊朗乐队 Ajam 的 MV。Fayzali 的 MV 在迪拜取景，驰骋过摩天楼的豪车与摩登女郎构成的画面呈现出的，是全球物质主义的繁华与欲望。英国籍的 Ajam 的作品更具世界音乐特点，传统乐器和人声配合，节奏强劲。MV 里，在土耳其传统水烟馆拍摄的音乐聚会画面中，消费性的快乐扑面而来。

## 传奇的阿洪尼克

依加巴塔说，他最喜欢的塔吉克族歌手是阿洪尼克·多来提别克。在他眼里，作为中央民族歌舞团国家一级演员的阿洪尼克，是一个“把别人的歌唱得比别人还好的歌手”。依加巴塔的歌唱是有技巧的，与麦热木汗、热依木巴依和玉克萨克都不一样，气息的处理更为精细。我问他这是自学的吗，他说“是我师父阿洪尼克教的”。

阿洪尼克是一个传奇人物。11岁被招进塔什库尔干县文工团，时任团长是玉克萨克的父亲伊萨克。一年后，阿洪尼克进入喀什师范学校学音乐，因为资质好，被北京来喀什挑选民族生的老师选中，进入中央民族大学学习。1980年，21岁的阿洪尼克毕业，因为思乡选择回到新疆，进入喀什文工团工作。那十年，阿洪尼克主要唱的是维吾尔语歌曲。1990年，妻子的去世让他决意离开喀什，因参加在深圳举行的全国少数民族声乐比赛获得第二名，受邀加入深圳民族文化村派遣往美国佛罗里达州的中国民族艺术团。两年的磨砺，他的英文和汉语一样流利。1994年，阿洪尼克回国，受聘进入中央民族歌舞团，成为塔吉克音乐在国家层面的代言者。

总是戴着棒球帽梳着马尾辫的阿洪尼克，命运轨迹的改变来自音乐，来自塔什库尔干县文工团。他也希望能为家乡的民族音乐献出自己的力量。

2009年，50岁的阿洪尼克放下在北京的工作，带着雄心勃勃的计划回到帕米尔，应邀出任塔什库尔干县文工团的团长。

在阿洪尼克心中，塔什库尔干县文工团不是一个县级文工团，而是“中华人民共和国塔吉克艺术团”，是这独一无二的民族歌舞文化最重要的传承者和代言人。

阿洪尼克刚去任职时，文工团只有17个人，连个像样的舞蹈队都组不起来，两年后，已经发展成一个70人的团队，其中包括在2010年被阿洪尼克招入麾下的依加巴塔。后来，在全疆文艺会演中，阿洪尼克带领文工团拿到了金奖。

在文工团演员们眼里，阿洪尼克不仅是团长，还是老师、艺术指导、总导演，到乡里演出时，又摇身变成歌手和大家同台演出。没有演出的日子，每天都要排练到凌晨。满腔热情的阿洪尼克也被演员们对民族音乐的热爱感动：“排练到凌晨，孩子们一声不吭，结束后还要骑摩托车从县城回村里。如果他们没有热情、不热爱塔吉克民族原生态音乐的话，不可能这样毫无怨言、加班加点地排练。”阿洪尼克有一种紧迫感和使命感：“我的任期是三年，必须认认真真的，民族的艺术和文化不能丢。”

塔吉克音乐多为民间代代相传，缺少系统的

教育方法。在文工团，阿洪尼克的解决办法是加强国际化。阿洪尼克任职的三年里，陆续从毗邻的塔吉克斯坦巴达赫尚州艺术团邀请了十位专家来指导，包括舞蹈、声乐、器乐等各个方面。“帮助很大，我们塔吉克民族音乐的水平提高了一大截。”

在国外的磨砺和体验，让阿洪尼克有令人叹服的国际音乐视野。我问他，怎么看塔吉克乐舞的特点？他脱口而出：“我们的音乐非常国际化，节奏很棒，不只是所有人都说的7/8拍，什么节奏型都有。”他认为塔吉克的很多音乐和摇滚乐有相似之处。

2013年，一心想将塔吉克音乐国际化的阿洪尼克，将依加巴塔等五位他看好的年轻人请到北京，住在他家，打磨一个名叫“古丽碧塔”的音乐组合。半年后，古丽碧塔组合在录音室里和中国第一代摇滚乐手祝小民合作，推出了一张同名专辑。16首曲目，由鹰笛开场，小提琴拉出帕米尔旋律之后，缥缈的女声进入，手鼓、热瓦普、塔吉塔尔……乐器并不复杂，节奏到位突出，不同音色之间的交融，营造出一种极具国际范的音乐气氛。

## 230首塔吉克民歌“宝藏”

阿洪尼克在北京给我一张古丽碧塔组合的CD（唱片）时，提醒说：“这个专辑还没有正式出版呢。”专辑封面，是录音室里乐队年轻人的合影，快乐而自信。我想起在塔什库尔干时，依加巴塔带我在县城一家电脑服务部里“购买”这16首歌的情形。阿洪尼克所说的出版，是指商业化音乐市场中的唱片出版形式，但在唱片工业尚未涉及的塔什库尔干，过去30多年，民谣流传拥有另一个独立而顽强的传统。

从录音带的时代开始，塔什库尔干就有一套自己的“出版”系统，一种自力更生的DIY（自己动手制作）方式。1994年玉克萨克推出《我来了》，就是用这样的方式：在文工团做好录音之后，把母带交给照相馆的店主都力坤·米那瓦尔，都力坤和他的徒弟穆明用双卡录音机翻录，一盘卖三五元，没有出版社，没有版权号，甚至没有封皮，是纯粹民间的地下传播。

玉克萨克的五张专辑都是这样出的。我问他，作为歌手你自己挣钱吗？他摇头，“他们卖三五元，也挣不上多少钱，就是让这些歌传出去”。当年热爱音乐的的中学美术老师都力坤，现在已经是塔什库尔干县非遗办的主任。而穆明的照相馆，已经更新成了电脑服务部，他早已不做“音乐生意”，免费下载的时代，就连三五元的音乐销售也没有了市场。

在穆明位于县城的家里，他抱起被褥掀开床板，从一口大木箱子里拎出来一台Euromatic 牌双卡录音机。穆明不记得用这台录音机制作和翻录过多少磁带。除了别人做好让他传播的带子，他自己也找了很多民间歌手来，就用这台录音机录民歌。对于只有五万人口、语言独特又没有文字的塔吉克人而言，这简陋而顽强的行为，更显草根本能的力量。

穆明把当年留了底的磁带转成 MP3 格式珍藏起来。当那声音播放出来，粗糙的颗粒感夹杂着电流声，美学价值已让位给作为时间证物的意义。历史总在继续，一切铺垫都有回响。

穆明打开另一个文件夹，230多首按照24位歌手名字分类排列的歌曲出现了，一个真正的宝藏向我打开——地道的塔吉克民歌，全

玉克萨克从巴基斯坦带回来的11弦巴朗孜阔木
摄影_连妹凝

部使用原声乐器，不是民间的齐奏，而是有和声的重新编曲。那24个姓名，是今天塔吉克族最好的民歌手。

2014年底，塔什库尔干县文化馆委托穆明、克里木和阿米尔丁三人进行塔吉克民歌的搜集录音工作。穆明负责民歌手的联络和搜集，在县文工团工作的克里木和阿米尔丁负责录音室的搭建和编曲、录音、制作。只用了四个月，他们就制作出了这批迄今为止资料性最全、录音质量最好、音乐美学上也最具世界性的塔吉克民歌。

我吃惊于这些歌曲的国际化，简洁却令塔吉克音乐风格得以凸显的编曲，与当今世界民族音乐主流风格完全一致。阿米尔丁说，他们三人先进行民歌手的筛选工作，然后请每一位进入计划的歌者报歌名和歌词；确定曲目后，先请县文工团的器乐演奏家分轨录制伴奏，伴奏缩混完成，再请歌手听着伴奏进行演唱，最后加入伴唱，在电脑上一一合成。录音室的搭建极其简单，没有外力介入，一切仍然是 DIY，与磁带时代相比，变化的只是器材和技术。

当时我不会想到，竟与这些音乐在北京以另一种形式相遇。

2016年9月18日，阿洪尼克在北京民族剧院举行专场音乐会。他从塔什库尔干请来了十几位歌手和舞者，还有阿米尔丁和克里木，以及其他活跃在乌鲁木齐和喀什的歌手。

一开场，民歌手们弹着热瓦普，打起手鼓，唱着传统的歌谣，那些令全场气氛陡然活跃的歌曲，正是阿米尔丁和克里木录音中的味道。

令人激动的夜晚之后，我问阿米尔丁，不用电声，不用 MIDI（用音符的数字控制信号来记录音乐的乐器数字接口），这与时俱进的传统音乐处理方式灵感究竟来自何处？他笑了："阿洪尼克是我岳父，古丽碧塔组合的那张专辑就是我们的榜样。"我又问："这230多首歌中，谁的歌最多？"他说："当然是伊萨克。"至少有40%的歌曲，是年青一代翻唱伊萨克创作的民歌。在依加巴塔、库尔查克、阿布杜如苏尔，这些我在塔什库尔干听闻的年青一代好歌手之外，玉克萨克也在录音计划中。他的13首代表作，我打开来一一聆听。他的嗓音洪亮，气息沉稳，这个擅长叙事的大师在旋律与节奏间游走，轻松自如。

（感谢歌词翻译者：比比汗·阿尤甫、阿布拉汗·吾沙音）

扫描二维码，
聆听帕米尔高原的歌声

弹吉他的塔吉克民间乐手。扎根土地的民族音乐不会消亡，它一直在自我生产（左图）

# 皮里克节——极地之火，燃烧千年

摄影 高嵩 等

皮里克节。“皮里克”可直译为“灯芯”或“灯”，故又称为“灯节”，时间为伊斯兰教历的八月十四、十五。“灯”实际上指的是油烛。节前，主妇要为全家制作过节用的油烛和酥油灯。皮里克节持续两天，第一天为“家中皮里克”，夜间，一家人围坐在插有油烛的盆周围，大家长先祈祷，然后燃起油烛，诵读经文祈福。按照传统，主持的人会呼唤每个家人的名字，喊一个的同时在盘中插上两支油烛，被呼唤的人要立即应答，然后再呼唤下一个。最后全家人眼望着油烛，互相祝福。仪式结束后分食馕、奶茶等食物。

油烛由浸过羊油的棉花缠在卡乌若草茎上制成，做好后插在盛满沙子的盆内。（本页）

第二天，人们准备好祭祀用的食物，全家人一起前往墓地祭拜。（右上）

在墓地，人们点燃油烛追思告慰故去的亲友。追悼仪式完毕，到同一个墓地祭祀的人将带来的食物集中共食。人们围坐在一起，享用由德高望重者平均分配的食物。（右下）

摄影_包迪

摄影_包迪

夜幕降临，各家各户都要点亮火把，燃起篝火，帕米尔高原的夜晚被照耀得如同白昼。（上图）

过节当然少不了歌舞娱乐，人们围着篝火跳起舞来。（下图）

摄影_包迪

人们围着篝火舞蹈，以期驱邪得福。塔吉克人过去曾长期信仰古老的拜火教，他们膜拜火，认为火是有灵魂的，人可以与之沟通。通过仪式，火可以为人驱除灾祸、带来幸福。尽管后来接受了伊斯兰教，塔吉克族对火的崇拜依旧，只是用伊斯兰教的祈祷和诵经取代了原本的咒语，祭祀时间也改用伊斯兰教历。

# 人在高原

撰文 黄绮媚 摄影 连姝凝 等

## 纪录片导演：感受文化的美妙

无论和谁聊起东帕米尔高原上的塔吉克族，总会提及一个人——刘湘晨。1998年，他拍摄的关于中国塔吉克族的纪录片《太阳部族》在国内播出，此后又在美国“国家地理”频道连续播出了四年。当时中国的纪录片鲜有进入国际主流媒体的，拍摄少数民族题材的“算得上是第一部”。

《太阳部族》是刘湘晨拍的第一部纪录片。1994年，他在新疆电视台任职，逐渐聚焦于纪录片的创作拍摄。当时国内对纪录片的概念还不是很明确，自己的第一部片子，刘湘晨希望找反差大的地方。“第一个想到的就是塔什库尔干塔吉克自治县，哪儿都没有这里反差大。”刘湘晨说。大量前期调研后，选点定在塔什库尔干的热斯喀木村。从此，帕米尔高原成了刘湘晨生命中的一部分。

1996年，《太阳部族》开拍。回忆起这次拍摄，刘湘晨提及最多的是艰难，“艰难是帕米尔高原的常态”。高海拔地区作业，连负重的牦牛走一段都需要休息，他和同事还要背着十几公斤重的设备前行，一走就是半个多月。过河时，水齐腰深，也只能硬着头皮蹚过去。就这样，四五个人的团队，在热斯喀木村拍摄了7个多月。和塔吉克老乡们的关系，也由此变得亲密起来。“我们跟着老乡去参加婚礼，沿途各家都认识，恨不能每家都吃顿饭、住一晚，人家才高兴。”

2009年，刘湘晨又和国外团队合作，耗时一年拍摄了《天之摇篮》，讲述典型塔吉克家族——达吾提家的故事。2013年，外方剪辑后的版本播出，刘湘晨觉得，影片呈现出来的帕米尔高原和他理解的悬殊太大，连出发点都不一样。于是，他回到帕米尔，重新拍摄达吾提一家。

和塔吉克族老乡们同吃同住、劳作转场，甚至经历生老病死，曾经长住过的家族都视刘湘晨如亲人。“和他们是家人般的感情，不激烈，不突兀，一直都在。”刘湘晨说。《天之摇篮》的主人公——62岁的达吾提，有什么事情都和刘湘晨商量，亲人生病住院，家人去世修墓，他都参与其中，俨然成为这个家族的一分子。

刘湘晨
供图_刘湘晨

深入高原20余年，对刘湘晨来说，帕米尔高原已经不仅仅是地理高地，也是感知人生的高地。对塔吉克族20年的思考体悟、观察呈现，逐渐形成了他的地缘文化意识：“从塔什库尔干开始，我发现新疆的地缘环境深刻地塑造了每一个民族的文化样式，对他们的文化选择起了决定性的作用。”

刘湘晨计划沿着不同的海拔高度，给塔吉克族、柯尔克孜族、哈萨克族、蒙古族和维吾尔族分别拍摄一部影像作品，结合他正在做的几大民族口述史，来呈现新疆整体的文化面貌和历史发展过程。这是他从导演到文化学者的转型过程。“大量的资料研究、近距离的观察、扎实的调研，不积累多年没有发言权。而这个过程中，能感受到文化的美妙，不在于你看到了现象，在于你能找到解释文化现象形成和存在的原因。”

2014年，刘湘晨人生中第一次服用了“救心丸”，这位常年风餐露宿、行走于高山荒漠间的作家、导演、探险家，感受到时间带来的压力。“有时候我会想自己死了怎么办，其实都想好了，离开这个世界最好的方式就是在路上。”

## 女摄影师：此心安处是吾乡

见到李馨曌，是在塔什库尔干的“云端驿”，当地一个摄影师聚会交流的场所。高挑的身材裹在一袭红裙里，如画中人一般。也许因为刚刚结束瓦罕走廊的拍摄工作，李馨曌脸上有股淡淡的疲倦。

在瓦罕走廊拍摄时，她跟着牧民在大雪中转场，和15个大人小孩、1头生病的大绵羊、5只小羊羔、7只猫、一堆摄影器材以及牧民们的行李，挤在一辆面包车里，负责赶牛羊群的男人们则徒步前行。途中经过一条湍急的河流，河面宽阔，河水冰凉刺骨，河面上的木桥已经开始打滑，女人们被男人们护送着过河。“作为行动灵敏的小猴儿，我选择独立过桥。”她的玩笑话里藏着惊险。

28岁那年，李馨曌开始拍摄“穿越无人所知的塔什库尔干”系列作品，到今年，已是第八个年头。“我很庆幸在最具冒险精神的年龄，不计后果勇敢地做了自己真正喜欢的事情。1845年，梭罗也是28岁时，孤身一人带着迷茫、痛苦走进了瓦尔登湖区，一住就是两年多。”她说，“这是冥冥之中的安排。不是我找到了它，而是它把我留下来的。”

李馨曌每年都会在塔什库尔干长住几个月，大部分时候在乡村拍摄。工作太累，身体负荷不了时，就回到县城的小公寓里，过几天安静、朴素的独居生活，“可没几天我又开始怀念村子里吃馕、喝奶茶的生活……”

在她看来，塔吉克人很好地保持了自身原有的古老风俗，几乎没有被现代文明所破坏，大家互帮互助，虽然生活艰苦，但过得安逸

李馨璺（右）
供图_李馨璺

平静，是一种“高贵诗意的田园生活”。

“我这一生也许再也不会遇到这样一个特殊的民族，他们的生活节奏非常慢，脸上常流露出从容淡然的微妙情感。”这样的塔吉克族和他们所在的“帕米尔之心”——塔什库尔干，成为她主要的拍摄对象。她希望自己的作品可以指向一种美好的存在，带领观者来到一块遥远纯净之地，有心灵的触动。

在帕米尔高原拍摄的日子里，她见证过新生和死亡，遭遇过迷路、伤痛、雪崩、车祸、重病……但种种经历，都不如她和塔吉克人之间的故事值得一提。

多年前，她在一个有百年历史的小村里生活、拍摄了一个月，村里的每个人都知道她。后来她对外界讲述了这个村子的故事，吸引了很多捐助以及自发来这里支教的老师。拍摄过的少男少女们，现在大多已毕业、工作、结婚、生子，有一个她长期关注的女孩考上了公务员，现在已经当上了女镇长。和几年前拍摄过的老人重逢，对方还记得她送的药品和照片。

2016年9月，她去了热斯喀木高原牧场，每天和牧场里的十几个孩子一起玩耍。她给孩子们带了很多内地朋友捐赠的衣物、玩具和学习用品，鼓励孩子们好好学习，以后走出大山去看外面的世界。离开时，几个孩子一直抱着她哭，不让她走。

以镜头为纽带，李馨璺和她的拍摄对象建立了亲密、相互信任的关系，对彼此有亲人般的依存感。每次从外地回到塔什库尔干，李馨璺都有回家的感觉，“这里才是我的心灵寄居之所”。

## “网红”村干部：请叫我“汉塔”

联系上孙歆时，初为人父的他刚有机会回到库尔勒的家中陪伴妻儿。为数不多的与家人团聚的日子里，他还在微博上为不能及时回复网友的疑问感到抱歉：

“各位已经寄来的包裹我们会有人接收，只是村里六成以上的农牧民都进山放牧了，要10月份才能陆续返回，这期间无法再组织集中发放了，再接收的话会造成物资积压，而我们的仓储空间有限，因此暂停物资募集，还请各位谅解。”

在“知乎”上认真回答网友关于新疆、塔什库尔干、塔吉克族的各种疑问；在社交网站上发布在塔什库尔干的生活日常和旅行攻略；为当地贫困的塔吉克农牧民发布募集物资的信息……见到他时，我戏称：“你是这里为数不多的‘网红’了。”他慌张得连连摆手：“不是，不是。”

现实生活中，汉族小伙子孙歆是海关驻新疆

孙歆

库尔勒办事处的副科长。2014年，他响应自治区下基层的号召，到塔什库尔干县塔什库尔干乡的瓦尔西迭村，成为“访民情、惠民生、聚民心”活动驻村工作组成员，兼任村里的第一书记。

村政府旁边的二层小楼，是他和同事们居住、办公的地方。一楼走廊的尽头是“爱心超市”，几排“货架”上分类挂着各种衣服，一看便知被仔细清洁、整理过，另一边放着文具、玩具、食品、日常用品等。“牧民们进山了，这里冷清了许多。忙的时候，每天拆包裹、分拣、集中发放，忙到晚上11点多。”孙歆说。

“爱心超市”的出现，源自孙歆捐给村子里的两大袋衣服。“我走访时发现，村里牧民的生活条件较差，于是送了些自己不常穿的衣服给他们，没想到很快就被分完了。”后来越来越多的朋友不断询问是否接受捐赠，孙歆干脆正式向领导汇报，当作一个项目来做。“瓦尔西迭村700多户人家，贫困户占了一半，捐赠的衣物能解决很多牧民的穿衣问题，也算是提供了一点微小的帮助。”

2015年底，他开始在微博上发布信息，接受社会物资捐赠。“刚开始收到的包裹少，后来每天都有，最多时一天十几个包裹，现在累计收到的包裹已超过一千个。”起初，孙歆和同事从邮局把包裹拉回来，组织发放到农牧民家。但他们发现，送去的东西，农牧民不一定喜欢，也不一定合适，于是成立了“爱心超市”，供他们自己挑选。

“爱心超市”让孙歆发觉了互联网力量的强大，也启发了当地人通过网络去做些事情。“一些二三十岁的成年人，大部分没有条件受高等教育，守土的观念很强。当他们看到网络带来的变化时，也开始有创业的想法，经常来询问有什么商机，有什么政策支持。”

开始驻村工作后，孙歆成了社交平台的活跃分子，希望能借助网络发展当地旅游业，帮村民们过上富足的日子，“为了让外界更了解这里，让更多人来到并爱上这里”。

“你是不是觉得我在说套话？舆论对我们公职人员的评价似乎不是很高……”孙歆像是急于跟我解释，“我们到牧民家走访，有些老人一见到我们就流下眼泪。在这里真的会不由自主地想为他们去做一些事情，好像不做就对不起他们。”

孙歆说，他希望被当地人称为“汉塔”。我正想问他为什么想用“旱獭”这种帕米尔高原上常见的动物作为自己的代称，他补充道：“这是常年生活在村里并备受村民尊敬的汉族人，才能享有的称谓。”

战空空

## 塔漂：在高原置办一个家

见到战空空时，她正忙着装修“空岛”——她在帕米尔高原的家。

租下这个小院，经历了种种波折。没有房屋中介，没有租赁信息，空空成天在塔什库尔干县城里转悠，逢人就问有没有房子能出租。找房子花费了近两个月时间，但空空离开成都，到塔什库尔干长住，却是一瞬间的决定。

她只身去过很多地方：穿越阿尔金山、可可西里、羌塘三大无人区，成功挑战喀喇昆仑公路，48小时征服南非沙漠与丛林。她本以为自己会在一个海边小岛上长住，没想到2015年11月第一次到塔什库尔干就一见钟情：“这种感觉就像你遇见了人生中的另一半。从来没有一个地方让我觉得想留下来。离开成都，出门在外，我几乎从不想家。但是离开这里，才刚到喀什，我就想回去了。”

回到成都把相关事务处理好，空空一边幻想着到塔什库尔干定居后要养头骆驼，“让它做无忧无虑的宠物”，一边迫不及待地等着春天来了就回高原。

在塔什库尔干租下的小院，是空空的家，也是她打算开的客栈——“空岛”。空岛还在装修中，空空亲手绘制了门上极具民族特色的图腾画和院墙上的驼队壁画；房里散落着她从世界各地搜罗来的宝贝和自己做的手工艺品；正屋炕上铺着以红色为主色调的华丽毛毯，摞一圈塔绣靠枕，一派塔吉克风情。空空还有一个愿望——铺上来自塔尔塔吉克民族乡的手工羊毛毯：“巨大的毛毯，在其他村子很少见，手工制毯的工艺几乎要失传了。”

网购的床正在运输途中，虽然快递耗时长、运费贵，但可以网购还是让空空惊喜不已。在她看来，只要对物质要求不是太高，在这儿的生活没什么不便：“生活必需品基本都可以买到。除了蔬菜不是很新鲜，好在这里比较干燥，也不太容易坏掉。”空空边说边抚弄挂在脖子上的鹰爪，那是她在村里和当地孩子换来的。

空空很喜欢塔吉克族的孩子，为此拍摄了很多照片，她边拿出一沓边跟我描述：“他们深邃的眼睛没有任何杂质，干净得像慕士塔格峰流淌下来的水。”

另一个诱惑她流连于一座座村落的原因是甜蜜的果子。除了赫赫有名的杏子，还有梨、西梅、苹果、野樱桃。在正确的季节沿塔莎古道穿行，有采不完的野生黑枸杞、红枸杞，空空最喜欢的是白桑葚：“走着走着，突然看到熟透的桑葚掉落一地，就可以停下来了。”她会摇晃树干，白桑葚像雨点一样掉落，边捡边吃，再带一些回去泡酒。

空空端着一坛自制的白桑葚酒，请院子里正在帮忙装电线的人品尝。其中就有被称为“塔漂第一人”的老于。除了经商和因公派遣，来塔什库尔干定居的外地人并不多，老于来这里寻找鹰笛，一待就是九年。老于刚来时，朋友们都费解他怎么会跑到帕米尔高原上买房子，而现在，大家都羡慕他的“神仙日子”。空空充分理解老于：“每天守着雪山，看天上的云和鸟飞过，门前黄土小树，屋里暖灯花被。晴天，阳光热烈；雨天，细雨延绵，有风沙也有暴雪，实在令人羡慕。”

作为新晋“塔漂”，空空得到了一张老于他们“颁发”的“塔漂证”。她捧在手里，仿佛那是一张真实有效的证件：“我在这里有自己的房子，我可以做一个合格的塔漂啦！”

## 边检战士：驻守雪域国门

2005年，从乌鲁木齐到喀什的火车上，张雷哭了两次。在陕西咸阳长大的张雷从没感受过这样的荒凉：“几百千米没有人烟，全是荒凉的戈壁滩，连棵树都没有。当时就想，我为啥要跑到这个地方来？”

经过在塔什库尔干县城营区一个多月的训练，张雷被安排到红其拉甫边检站前哨班。尽管因为高原缺氧导致胸闷、头疼、吃不下饭，甚至整夜睡不着觉，张雷还是觉得挺新鲜：“远远看到前哨班红色的小房子，觉得很漂亮。”

实际上，当时前哨班的条件十分艰苦。整

张雷

供图_张雷

个中队的宿舍只比一辆车大一些，两排床挤在狭窄过道的两边。所有生活用水都是冷水，冬天最低气温零下40多摄氏度，供暖不足，“裹一件大衣再盖两床被子都冷得睡不着”。遇上雪天，太阳能蓄电池无法正常工作，只能打手电、点蜡烛。没有通信信号，休息时只能看看电视，“几部片子反复看，最后实在不想看了，几个人互相干瞪眼”。前哨班所在地海拔5000多米，不适合训练。张雷和同事们只能偶尔出去活动活动，对着漫漫雪山喊一嗓子。

红其拉甫边检站的所有人员，每年都要轮流到红其拉甫达坂上的前哨班过几次这种“白天兵看兵，晚上数星星”的生活，每次一待就是近一个月。遇到天气、路况不好，可能好几个月都下不了山，贮存的口粮有限，供应物资的车也上不来，只能省着吃。

前哨班的日常工作——站岗、巡逻、维护界碑、检查出入境车辆和旅客等，基本都在室外进行。没有专门的车体检查室之前，张雷和同事们只能靠眼看、手摸、耳听和简易工具探查，有时连保暖装备都要脱卸掉。达坂上一年四季都会出现刮风、雨雪天气，冬天气温过低，战士们常被冻得浑身麻木，钻心疼痛。

除了条件艰苦，在前哨班工作压力也很大。红其拉甫口岸毗邻巴基斯坦、阿富汗、塔吉克斯坦，形势复杂，局势长年动荡不安，口岸检查、随车监护等工作丝毫不能松懈，是缉枪缉毒、反恐维稳任务最为严峻的口岸之一。

2007年，20岁的张雷开始当班长带新兵。高原上训练新兵会面临特殊困难："因为高原反应，训练强度要合理安排，逐步增加，否则身体负荷不了。"张雷要帮助新兵克服的还有另一个问题："他们和我当年刚来时一样，觉得很孤单。不过现在相对好多了，过去没有电话，和外界联系只能靠写信，从内地写一封信寄到山上要两三个月。2010年后，通信、电力、热水供应各方面都建设起来了。"

长期在高原上生活，对身体也会有一定影响。因为气压比平原低很多，心脏和肺的负荷变大，心肺功能受损、心肌肥大的情况很常见。张雷带过的一个战士因为长期在高原上生活，造成了不可逆的身体损伤，不得不复员回家。

尽管高原生活条件艰苦，张雷却一直主动申请要继续留在红其拉甫边检站工作："我喜欢这里，一步步看着它建设得越来越好，也舍不得走。"

## 美国男孩：研究塔吉克语是我的目标

班迪尔乡波斯特班迪尔村的一场婚礼上，奥利弗正和村里几个年轻人用塔吉克语热烈交谈，不时爆发出一阵笑声。如果不是事先知道他的身份，大概会以为他是一个在帕米尔高原上成长起来的塔吉克少年。

这个24岁的美国男孩，为学习塔吉克语，特意来到塔什库尔干。

奥利弗在四川大学攻读汉语言文学。2015年，他跟着维吾尔族朋友到新疆旅行，萌生出学习塔吉克语的想法。回到成都，奥利弗辗转找到在西南民族大学教英语的塔吉克族姑娘努尤甫提，并向她学习塔吉克语。一个月后，他趁着暑假和努尤一起来到塔什库尔干。"他像录音机一样，我说的每一句话他都能记住，日常交流完全没问题。"努尤说。

奥利弗

奥利弗有极高的语言天赋：到韩国过了个暑假，学会了韩语；在日本留学一年，掌握了日语；20岁那年来中国学习，成为丽江第一个留学生，一年后通过了汉语水平六级考试，考进四川大学，在丽江还学会了一点纳西语；大一开始跟着藏族朋友学藏语，主攻安多方言，阅读和日常交流基本没问题。

相较藏族，奥利弗觉得塔吉克族更神秘："塔吉克语很古老，历史上受外来影响较少。这里文化的独特性也非常明显，研究塔吉克族文化的人相对较少，有很大的发挥空间和很高的研究价值。"

他取出平板电脑，给我看他记录的塔吉克语单词和例句。除了向努尤甫提学习，他主要利用国际通用音标在网络上自学塔吉克语。

对奥利弗来说，最大的困难是相关工具书和教材的严重匮乏。“可以用的书太少了，而且都太不系统，有很多错误。”他现在使用的工具书，是高尔锵编写的《塔吉克汉词典》，收录了一万多个词条，几乎是唯一的塔吉克语词典。“毕竟是多年前编写的，以我的水平都可以发现其中有一些不恰当的地方，以及一些不太实用的例句。”

在县城和各个村庄里走动时，奥利弗主要的任务是记录。他请当地人讲述这个地方的传说和故事，请他们演唱民歌。“塔吉克族的民歌像‘吟唱出来的诗歌’，而且歌词里的词语多是比较古老，甚至已经失传的，日常生活中不再使用。这些很重要，需要记录下来，我也找到了一些，但是太少了。”遇到自己无法理解的，他会向年纪大、语言能力强的当地人请教，自己再慢慢琢磨。但有一些民歌和传说，当地人也不能准确地解释。

不仅掌握古老且表意复杂的塔吉克语的人越来越少，奥利弗发现，很多塔吉克族年轻人会采用维吾尔语或汉语的词来代替塔吉克语。“比如高考、微信这种词，过去在他们的生活里不存在，所以他们只会用维吾尔语和汉语来说。其实可以造一个塔吉克语的说法，但没有人在做这样的事。”

奥利弗也接触了一些有志于保护、传承塔吉克文化的知识分子和年轻人，会用塔吉克语写一些诗、歌和小故事，但多出于爱好，系统梳理或做学术研究的较少。这也正是奥利弗的目标，他希望通过自己的努力，对塔吉克语语法做出较系统的梳理和归类，出版一些实用、准确，能指导大家学习塔吉克语的书籍。

奥利弗计划用大四一整年时间来研究塔吉克语，之后可能回美国读研，研究东帕米尔地区的语言。“之前我比较迷茫，没考虑过以后要留在哪里。现在终于有一个目标了，虽然很难，但我会努力。”

王雪刚

摄影_伍锦康

## 援塔医生：头一回被病人家属主动安慰

2016年3月，王雪刚随第八批深圳援疆医疗队到达塔什库尔干县，天气寒冷，茫茫戈壁和巍巍雪山让他觉得有种荒凉的美。

作为深圳市宝安区人民医院感染科的主治医师，在塔什库尔干县医院准备筹建传染科时，王雪刚被领导、同事动员加入了这支援疆医疗队。塔什库尔干县是深圳市长期对口援助地区，建于2010年的县医院，近三分之二的建设资金来自深圳的援助。

初来乍到，除了异域新鲜感，县城的现代化程度也让他惊讶：“之前把这里想象成落后的老城，来了以后发现整个新城很漂亮。”同样超出想象的还有高原环境的恶劣，高海拔、低温、缺氧让医疗队不少人高原反应强烈，需要开着制氧机睡觉。干燥问题也困扰着他们，几乎每个医生都流鼻血，王雪刚花了好几天才恢复过来。

王雪刚的主要工作是指导当地医务人员。县医院的硬件设备不错，但人才缺乏。一方面是因为当地医生的受教育程度普遍低于内地，另一方面也因为没有机会参加行业学术会议和相关培训，接触和了解新治疗方法的渠道十分有限。援疆医疗队带来不少新技术，但当地医务人员短时间内无法掌握，医疗队一离开，很多项目就开展不了。因此，对当地医务人员的培训能起到“授之以渔”的作用。

当地的医患关系让王雪刚感触最深：“这里的病人很信任、尊重医生，医患关系非常好。因为长期医疗条件差，生存困难，所以在当地老百姓看来，治病救人的医生是非常高尚的职业。和内地大城市紧张的医患关系对比很明显，我们最能直接感受到。”

王雪刚记得有一回，他和医疗队副队长江卫红一起抢救一个小孩，努力了四个多小时，最后没能抢救成功。江卫红坐在旁边，低着头很伤心，小孩的奶奶走过去安慰她：“医生不要伤心，你已经尽力了。”从医多年，他们还从没遇到过病人家属主动来安慰医生的情况。

“这里的老百姓很善良，我能隐约感受到他们对生命的认知不同于我们。内地的病人如果在医院去世，家属通常无法接受。但在这里，他们把生老病死视作自然的事情，虽然也很伤心，但会平静地接受。”王雪刚说。

王雪刚和江卫红近期正筹划着下乡看病。因为路况不好，很多住在偏僻乡村的病人没有条件来县城看病，县医院的床位使用率只有70%。“有病人从大同乡坐8个小时车来看病，但是从那么大老远来的重病号比较少，可能在路上就不行了。”

另一件他们正在操心的事，是给当地妇女免费做宫颈癌筛查和产前出生缺陷筛查。受卫生条件差、高原特殊环境等因素影响，塔什库尔干县的生育率较低，流产、胎儿畸形的概率较高。“当地妇女没有这个意识，很少主动来做检查。以现有的人手和条件，也不可能让医生一个个去取检查样本。免费筛查的实施需要整个卫生网络一层层推进，我们一直在准备可行的方案。”说起这件事，江卫红有些焦虑。

王雪刚在一旁撩起鬓角的头发，自言自语：“来高原几个月，都有白头发了。”朋友说他越来越像塔吉克族，皮肤黑了，脸上也出现了“高原红”。“好些人都对我说过同样的话，我想，可能真的是有变化了。”

“他还爱吃馕，我们给他取了个外号叫‘馕人’。”旁边的江卫红补充道。

## 警察：
## 轰动县城的汉塔联姻

算起来，中原汉子宁杰到帕米尔高原已经有整整30个年头了。如今，宁杰成了半个塔吉克人，娶了漂亮的塔吉克族妻子，养育了两个孩子，在高原扎下根来。

2016年春节，宁杰带着妻儿回河南驻马店老家，“想让孩子们看看爸爸的出生地”。看着儿子在院子里玩耍的身影，宁杰有点恍惚，仿佛时光穿越回到了动荡的童年。因为

宁杰

家里经济条件困难，7岁的宁杰不得不离开老家，随哥哥去往遥远的新疆石河子生产建设兵团。11岁那年，哥哥被调往塔什库尔干县，他又跟着哥哥到了更遥远的帕米尔高原。就这样在这里念完小学、初中，考上新疆交通警察学校，毕业后宁杰被分配回塔什库尔干县，当了一名交警，一干就是10年。

宁杰和妻子比比热汗·艾克木江因工作结识、相爱。2003年，他们在县城举办了婚礼，成为塔什库尔干县第一对塔吉克族和汉族联姻的夫妻。

尽管汉族和塔吉克族在高原上相处和睦，但毕竟没有联姻的先例，信仰和生活方式也都有所不同，当年他们的恋爱在当地掀起了轩然大波。宁杰和比比热汗的婚姻，一开始并没有得到女方大家族的接受。 随着人们观念的逐渐转变，再加上婚后宁杰努力融入妻子的塔吉克家庭，家族活动都全程参与，忙里忙外，比比热汗的家族才慢慢接受并祝福他们。结婚3年后，他们在比比热汗家补办了一场盛大的塔吉克族传统婚礼。

2007年，宁杰被调往班迪尔乡，任派出所所长，连他在内共6位民警，负责近5000平方千米的土地。地域宽广，牧民的居住点又高度分散，有些甚至在人迹罕至的山谷里。宁杰和民警们骑驴，骑骆驼，徒步翻越达坂，背着设备蹚水过河……走遍了班迪尔乡的所有居民点和放牧点。

宁杰觉得当时路途的艰难并不值得多说，倒是对当地的塔吉克老百姓充满了谢意。因为精力、人力有限，不可能每天奔波在山头、河谷的每一寸土地，在统计辖区的人口信息时，需要依靠当地老百姓提供信息。进村走访时，宁杰和同事们也常在塔吉克老乡家借宿。塔吉克族热情好客，馕、奶茶、牦牛酸奶，家里有的食物都会端上来招待他们，炕上最好的位置也总是留出来。每到一户人家，宁杰都要和他们合影，照片冲洗出来后再送过去，牧民们很珍惜，把照片当全家福一般，挂在家中显眼的位置。

尽管在高原上生活多年，还是塔吉克女婿，但宁杰笑称自己依然有一个“汉族人的胃”。高原饮食少有蔬菜，宁杰想起了河南老家的温室大棚，开始琢磨着在高原上种菜。很快，他在班迪尔派出所不远处建起一处温室大棚，陆续种上萝卜、黄瓜、西红柿、豇豆等蔬菜。一年四季，派出所的餐桌上，都是自己种的瓜果蔬菜，还经常送给附近的塔吉克老乡们。宁杰还和同事修建了地窖，冬天用来储存蔬菜，最多时能储备2吨多。“不仅节省了开支，还带动了班迪尔的塔吉克老乡也种植蔬菜”，说起这件事，宁杰不无自豪。

而今，宁杰已在塔什库尔干县公安局城镇派出所担任所长。派出所院子的空地上，依然种植着不少蔬菜和杏树。宁杰摘下一颗杏子，自言自语般：“我和它们一样，就在帕米尔扎根啦！”

摄影_叶金

帕米尔之心

对东帕米尔高原外出求学的孩子们来说，最想念的食物就是母亲做的千层饼——“卡提拉玛”。面饼层层起酥、柔韧松软，散发着浓郁的奶香，再喝上几口奶茶，简直是人间美味　　摄影_连姝凝

# 匮乏与盛宴

撰文 霍亮子 摄影 王毅楠 等

我曾经问过不同的人，如果离开帕米尔，最想念的食物是什么。有人说帕米尔的羊吃草药喝冰雪融水长大，肉质无与伦比；有人说大同乡的抓饭和杏仁糕想起来就馋；塔吉克名歌手玉克萨克·伊萨克的答案是奶茶，他在喀什生病住院几个月，喝不到家乡的奶茶『就头疼』，为此还写了一首歌。

告别帕米尔之后，我也很快沦为他们的同类。在帕米尔，任何食物的获得都需经过艰辛努力；也因为产自帕米尔，搏命生长的食材都蕴含着最甘醇的品质。最好的食物无非如此，将本真的原料，托付于细腻的人情。

## 随新娘远嫁的哈克斯

8月，帕米尔的婚礼季节拉开序幕。每逢周末，在乡间都能听到手鼓砰砰的敲击声与鹰笛的悠扬回旋。婚礼期将在10月和11月达到高潮。一年的农事结束，人们需要放下劳作彻夜狂欢。羊群也已做好准备，它们经过夏牧场的哺育，正茁壮肥美——一场盛大的塔吉克婚礼就是一次食物的盛宴。

热合曼库力·尕夏嫁女儿的大日子就要到了，婚礼食物的准备已经进行了几天。婚礼前一天的工作尤为繁重，亲戚、朋友、邻居们在近中午时陆续到来。午饭过后，后院忙碌起来，十多个年长的女人挤在厨房里，吵吵嚷嚷一番争执后推选出四五位代表，系上围裙开始干活，其他人肩并肩挤坐在椅子上。女人们一边生火，用纸片点燃碎木，引燃大块的木头、牛粪，一边准备材料：一盆澄黄的上好牦牛黄油、一袋25公斤的面粉、植物油等。

火苗蹿起，女人们爬上灶台，准备熬制婚礼上特别的食物——哈克斯。

后来我才明白为什么一开始要推选一番——准备哈克斯极其耗时费力，待黄油熬化，加入足量的面粉，便要不停搅拌，让油脂与面粉充分混合，直到变成黏稠均匀的油面糊。除了调整油、面比例——太稀与太稠都不成——还必须掌握火候，以免煳锅。四个女人用锅铲、擀面杖搅拌，最后还使上了一柄崭新的军用铁铲！搅拌的过程中要祝念有词，因为这是要跟着新娘出嫁的食物。

搅拌了40分钟后依然不见完工，从喀什特地赶来参加婚礼的古丽乌术尔放下擀面杖说："不要只是看嘛，你也来试试。"我挽袖子上灶，但三两下就败下阵来。黏稠的油面糊对擀面杖形成强大的阻力，在高原缺氧的环境里，我很快就气喘吁吁。古丽乌术尔笑着"抱怨"："太麻烦，还要再搅上一个小时！"

然而准备食物的过程是不枯燥的，女人们聊着家常，谁家的胖小子被抱来，在灶台上"传阅"一遍，被所有的阿姨和奶奶嘬过脸颊。

筹备婚礼的人们忙里忙外，好像并没有一个总指挥，一切准备工作都在自发的节奏里紧张进行。院子里摊开一张席，11个少妇蹲成

一场盛大的塔吉克婚礼就是一次食物的盛宴。为了备齐婚礼上需要的各种食物，女人们正忙着制作“阿尔孜克”——香脆酥松且能长时间保存的一种油果子
摄影_刘湘晨

熬制哈克斯是一项体力活儿。待黄油熬化，加入足量的面粉，便要不停搅拌，让油脂与面粉充分混合，直到变成黏稠均匀的油面糊

塔吉克女人们蹲成一圈，削一筐筐的红黄两色胡萝卜，婚礼当天招待来客的抓饭里，胡萝卜是必不可少的配角

一圈，削一筐筐的红黄两色胡萝卜，男人们则在院墙外宰羊，萝卜和羊肉是用来制作婚礼当天招待来客的抓饭的。灶台上并排两口直径一米的大锅，一口正熬着哈克斯，另一口放满水投入羊肉，两口热气腾腾的锅散发出两种香味，婚礼进入倒计时了。

## 婚礼上的羊

努尤甫提·拉提非克告诉我，一次婚礼差不多要宰30只羊。她是西南民族大学英文系的老师，是少数成长于塔什库尔干县而留在外省工作的塔吉克女子，每年夏天才会回到高原。

此前，我已经在达布达尔乡见识过宰羊。那是另一场婚礼，新郎将在隔日凌晨起程，带着一众弟兄驱车十多个小时远赴和田接亲。我们下午到达新郎家时，音乐和舞蹈已经开始。晚些时候，待客人们坐定，两只羊被牵进屋内，人们安静下来。

羊是塔吉克族传统仪式中最重要的献祭。游牧民族对羊群的仰赖、疼惜，与宰羊时的果决、待客时的慷慨并存。每只羊在被宰前均是经过念经祝福的，而宰羊通常由两三个训练有素的男人共同完成。

努尤出生在班迪尔乡，从小也放羊，她心软，说最怕宰羊，会忍不住难过，也一直不肯吃羊肉。她的饮食习惯已经与典型的塔吉克食谱不同。努尤的父亲甚至在班迪尔乡为她开辟了一个小菜园。他曾在县城林业局工作多年，如今穿过县城的314国道两旁高大茂盛的路树就是他曾经的业绩。在帕米尔高原，种树的困难可以想见。现在他把专业技术倾注于菜园，在几亩大的园子里培养各种杏树，嫁接培育新品种，又种萝卜、黄瓜和青菜。“那是我的菜园。”努尤十分骄傲。

参加婚礼的努尤，与平时穿牛仔外套的都市打扮完全不同，大红色的唇膏、大红色的衣裙和大红色的库勒塔帽，艳丽逼人。努尤说，因为婚礼上要出嫁的女孩是近亲，母亲要求她必须盛装前往。

婚礼上，鹰笛和手鼓一刻也没有停歇。人们跳到太阳落山，星辰显现。很多故事发生在眼皮底下，我们却完全不知情。比如，男人们一个接着一个醉了，你却看不到酒在哪里。

临近午夜，努尤带我们到对门的买尔吾依家休息，作为邻居，买尔吾依家也分担了接待婚礼宾客的义务。一只威风凛凛的高大绵羊被牵进来，羊头、耳朵和四蹄上有黑斑。努尤说，真是一只好羊。主人一番陈词，大意是：“女士们、先生们，无论你们是什么身份，无论你们来自哪里，在这里我不会说太多话，我以羊的生命做证，你们是我最尊贵的客人，我以最大的心意献给你们。”

缺乏耐力的我们终究没有等到羊肉烹熟，没有吃到塔吉克族的美味——冬巴吉格尔（羊尾油配羊肝）。好在有一碗喷香的面片汤，在寒夜里，这真是最好的安慰。按照塔吉克风俗，回应主人慷慨的最好方式，就是尽情放开你的胃口。当所有人放下筷子时，努尤却只吃了半碗，“我们有种说法，吃饭落在最后的人长不胖，”她说，“你看，我就是太瘦了。”在高原上这可绝不是赞扬。

## 担当宴席大餐的抓饭

婚礼是一轮又一轮的宴席，宴席之间是等待。

我们已经在热合曼库力家等了几个小时，从库科西鲁克乡出发的新郎还没有到来。老汉们在院子里的砖头栏杆上坐成一行，都穿藏蓝或黑色的宽大西服，戴吐马克帽、带檐凉帽或鸭舌帽，来自欧洲大陆的穿衣习惯经过奇异的历程变成中国西北的本土化风俗。太阳当头，投下很短的影子，他们沉默，像落地歇息的兀鹰。小孩子们最高兴，东奔西跑，见到新奇的人、事就一窝蜂凑上去，拿着大人的手机拍来拍去。十几岁的女孩学会了成年人的矜持，抱着胳膊，百无聊赖。

忽然人们向外涌出，是新郎。来了十六辆车，数不清的人——在一辆小卡车后，照例有一只茫然的羊。

新郎也要等。要等迎亲的队伍都吃过馕、喝过奶茶，等到那只羊被牵进房屋，他才能在伴郎的陪同下走进院门。我们等来等去，忽然发现院子里的人都不见了，才忙不迭挤进房门。从人缝里勉强看到，伊斯兰长老已经在为新郎和新娘诵念作为结婚之书的《尼卡那麦》，其主要内容包括家庭、人生、教育和哲理。

在婚礼上，食物除了显示主人的盛情，还被赋予象征的意义。新郎与伴郎的右肩上撒满了白色的面粉，是纯洁、吉祥的象征，还是丰年的祝福？是神秘的原始印记，还是来自拜火教的传统？众说纷纭。

新郎与新娘的结合，以婚姻之父“拜德尔汗”亲手喂两人盐水、肉和馕作为象征。这也是塔吉克人最基本、最朴素的食谱。

当新郎与新娘终于并肩站立时，有人向新人身上抛撒糖果，人们一拥而上争抢。场面的激烈程度只有美式橄榄球的现场可以比拟。

抢完糖果，孩子们欢天喜地散去了，最重要的宾客——大部分是男宾——留了下来，小伙子们从后厨捧来顶着大块羊肉的抓饭，油亮喷香，女人们从内房端出奶茶，几十位宾客同时开宴。

抓饭是现下塔吉克婚礼上待客的主要美味。塔什库尔干县外事办的达吾提江告诉我，根据波斯语的史料，抓饭是11世纪的波斯大学者伊本·西那发明的，伊本·西那是出生于乌兹别克斯坦的塔吉克族人，博学多才，身兼哲学家、医学家、文学家等多种身份，把抓饭与他相联系，也许是一种附会。不过，抓饭的乌兹别克语名字叫“Palov Osh”，有一种说法，这个单词是由胡萝卜、洋葱、肉、油、盐、水、大米七种原料的波斯语首字母组成的，显示了其与波斯文化的渊源。在塔吉克语里，抓饭叫“波罗”，可能是取自“Palov”。

新郎、新娘终于有机会坐下来享用一点美味。新娘的行头沉重，价值不菲，难以久立，新郎把食物递给她，她揭起面纱的一角吃上一点。他们共饮一杯奶茶，这是他们共同生活的开始。

对于新娘一家来说，送亲便是婚礼的尾声。

而新郎家的宴席还会继续，根据传统，三天后，新娘揭去面纱时所做的第一件事，便是为一家人打馕。

## 馕坑里的卡提拉玛

阿布拉汗·吾沙音手揣在牛仔裤的裤兜里，缩着肩，站在路边等我们。他穿一件运动夹克，光着脖子，在太阳下也不觉暖和。阿布拉汗说：“今年没有夏天。”

从6月到9月，为了放羊，阿布拉汗一家人都住在提孜那甫乡草场附近的土房子里。土房子的墙上有“1993-5-30”几个数字，清晰可辨，应该是泥土未干时，用手指画出来的。阿布拉汗说，那是房子建成的时间，也是哥哥依玛尔出生的年份。数字还像刚刚写上去的样子，而依玛尔已成年，去年刚刚结婚。

房子是简略版本的塔吉克传统民居蓝盖力，长条形，房门低矮，有一个朝里开的木门，屋里的地面比门外低，沿墙半圈土炕。左手边是馕坑和储藏间，馕坑的上方开一个露天的方形天窗。

阿布拉汗就读于新疆医科大学，今年上大二，他说在乌鲁木齐时最想念的食物就是母亲做的千层饼——卡提拉玛。“明天，你们来，我让妈妈做千层饼给你们吃。”

第二天，我们如约而至，阿布拉汗的妈妈加娜热·卡达米克先用面粉和上水、酵母粉，再撒上一些绿色的粉末。我忙问那是什么，阿布拉汗拿出两团已经风干的植物，应该是野葱和野蒜，传说中“葱岭”的特产。加娜热的手在面盆里熟练揉捏，面糊很快变成面团，她把面团摁扁，用擀面杖擀成足有70厘米见方的薄面饼，然后均匀涂抹上奶皮子，再将面饼卷成长条，顺势扭转几次，盘成一圈一圈的面团。这时阿布拉汗的嫂子阿丽玛汗·库尔班拿出一个铸铁饼铛，在饼铛里抹一层奶油，加娜热把盘好的面团移到饼铛里。打开馕坑上的棉被，把盖上盖子的饼铛放入木炭的余烬里，用火钳拨弄木炭，让它们尽可能把饼铛整个埋住。过一两个小时，卡提拉玛就可以出锅了。

揭开盖子时，奶皮子全都融化了，卡提拉玛遇热膨胀，撑满了饼铛里的空隙，变成焦酥的黄褐色，滋滋冒着油泡，我们脱鞋上炕，围坐在饭单（作用等同于桌布，铺在炕中间的毡子或毯子上）周围，撕开一块饼，层层起酥。浓郁的奶香，奶皮子的酸甜，面饼的柔韧酥松，还有野葱和野蒜独特的香味混为一团热气，再喝上几口奶茶，真是人间美味，难怪阿布拉汗会念念不忘。

卡提拉玛的配方大致如此，每家人又有细微差异：用奶皮子还是奶油，是否加黄油等全凭个人。加娜热用野葱和野蒜的干末提香，做法相当聪明，与地中海料理做烧烤时使用混合香料有异曲同工之妙。我后来也试着做过卡提拉玛，结果当然是失败，技术难度——将面饼紧实卷起并扭转成团——或可克服，然而原料问题却无法解决。阿布拉汗家的卡提拉玛之所以美味，除了加娜热对面、水、奶比例的精准掌握，更重要的是所有材料都属于自家生产。何况，回到城市里，我哪里找得到受热均匀、温度适宜的馕坑？

## 储藏间是女人的领地

阿布拉汗家有七亩田，五亩种小麦，基本可以满足一家的口粮。另有48只羊、4头牛，可以一年到头提供奶制品。牛羊少量养在土房子旁的草场上，大部分在山上的夏牧场，由亲戚来放牧。土房子相当于以前夏季的毡房，除了阿布拉汗，还住着外婆、父母、哥嫂和外甥女共七口人，另有一些空间租给几个在附近务工的维吾尔族人。

我们吃完卡提拉玛时，依玛尔回到家来，不久，几个租客也收工回来了。加娜热和阿丽玛汗为他们准备最常规的午饭——馕和奶茶。

和其他塔吉克家庭一样，家里的劳动按照性别严格分开。依玛尔负责春种夏收，每年四月小麦下种，九月收割，全靠人力，空闲时间会打工来补贴家用。他们耕种的还是自己

东帕米尔高原上过着半游牧、半定居生活的塔吉克人，奶制品是其最重要的日常饮食之一　　摄影_刘湘晨

酸奶、奶茶、奶疙瘩、奶面片、奶皮面糊……作为原料的牛奶、羊奶、牦牛奶，就这样在塔吉克妇女手中幻化出各种风味　　摄影_连姝凝

留种的传统品种，所以做出来的馕也别有风味。家里的活计都是女人来承担，一天早、中、晚三次挤奶，做饭，收拾屋子，加娜热和阿丽玛汗很多时间是围着馕坑打转。外婆已经不承担太多劳作，她有时会坐在炕上，慈祥地看着她们在厨房忙碌，做出指导。她枯瘦的手指上，戴着几枚硕大的戒指。阿丽玛汗已经有了身孕，等她诞出第一个孩子时，才会褪去新娘的红装。生命的传递就在这馕坑周围展开。

加娜热说，老式馕坑比新式的好用。老式馕坑从灶口到炉底都是敞开的，平时用厚棉被盖起来保持温度，而新式的馕坑只有上面开口。造馕坑时也有讲究，要选含盐量高的泥土，馕坑的薄厚要均匀。柴火是捡拾来的漂流木，每天早上点燃炉火，待柴火烧成木炭，热量可以供给一天的奶茶，很节省能源。以阿布拉汗家的人口数量，两天要打一次馕，一次打12个。

馕坑背后是纯粹的女人领地，最珍贵的奶制品就储存在小房间里。我钻进去看，像阿里巴巴的藏宝洞，台面上是一盆一盆的酸奶，靠门的墙上挂着一只布袋，沥出水和奶的混合物，一问才知道，布袋里装的是酸奶，两天之后，就可以把沥干了水的酸奶晾在外墙的架子上晒成酸奶疙瘩。

男人不能进储藏间的传统，据说是出于迷信：男人和外人如果看了家里的奶制品，家里的奶会变坏，牲畜的产奶量会变小。

塔吉克人对食物的珍视，也体现在诸多规矩上。比如脱鞋上炕要遵循一定路线，不能横闯直撞；脚不能触碰饭单；吃饭时要面对面坐，不能背对别人。我们小心翼翼地学习，仍时时显出笨拙无礼。感冒的摄影师用纸巾揩了一把鼻涕，阿布拉汗严肃地提醒她：“你怎么能在饭桌旁擤鼻涕呢，要出去呀。”

## 食物是凝固的建筑

从9月开始到次年6月，阿布拉汗家会迁回距离土房子几千米的提孜那甫乡栏杆村。那里保留着他们的蓝盖力老屋，现在已经不住人。

阿布拉汗随手从屋边的地里拔下几根豆角，剥出豌豆放在嘴里。“你尝尝，很好吃。”果然，高原上的豌豆有一种浆果的清甜。然而在帕米尔，豌豆与燕麦主要是牲畜的饲料。传统的青稞也渐渐让位于白面，人们吃得越来越少，像阿布拉汗这样自给自足的人家也开始变少。我们在退休的县政协主席马达力汗・包伦家做客时，老人说：“过去豌豆面馕好吃极了，现在都吃不到了。豌豆和青稞去油最好，以前哪有高血压、脂肪肝，都是白面闹的，而且是平原运上来的白面，不知道用了多少农药化肥。”

内地对于健康食品的炒作，在满是健康食品的帕米尔还不流行。阿布拉汗家晾晒的野生黑枸杞主要卖给收购商，阿布拉汗玩笑着说：“红枸杞是人吃的，黑枸杞以前都是给狗吃的。”

阿布拉汗的爸爸吾沙音・热加巴依在老屋旁边转悠。老屋后有一棵几人抱的柳树。吾沙音今年82岁，在他小时候这棵树就已经很粗壮了。现在的老屋是在吾沙音两岁时重新翻修的，老屋也见证了阿布拉汗的出生。

有很多种解读蓝盖力的方式，食物与房屋的关系是其中一种。馕坑是生产食物的地方，储藏间是储存食物的地方，而坐炕是享用食物的地方。

在馕的中央戳上花纹用来透气之后，就可以放进馕坑烤制了

馕坑在塔吉克家庭中占据着中心的位置，既奉献食物，也给予温暖

老屋里的生活细节还保留着。占据正房当中位置的当然是馕坑，其上是三层窗棂错落层叠的方形天窗，用于排烟和采光。馕坑旁边隔一堵矮墙是土砌的桌台，挖空成两口方桶，可以储存粮食。旁边随意放着磨刀石、沾满面粉的木盆和筛子——塔吉克人爱吃的油果子“阿尔孜克”，就是用面筛在面团上做出松果一样的凸起，再放入油锅炸制而成。馕坑旁还有一个用羊皮做的鼓风筒，功能类似较常见的灶台风箱。一张卷起来的旧竹帘曾经用来做羊毛毡，红柳木的柱子上有雕刻了花纹的木制挂钩，是以前放油灯的地方，柱子已经熏成油光锃亮的黑色。阿布拉汗还找到一个木制手把的钉锤，那是他父亲以前用来做皮靴的工具。

无论从视觉还是功用上，馕坑都占据了蓝盖力的中心。馕坑奉献食物与温暖。在努尤的记忆里，冬天的晚上，外公会带着小孩子们坐在馕坑上，一边把腿放入馕坑取暖，一边讲古老的传说与故事。

在阿布拉汗家，重要的仪式仍然在老屋举行，肖贡巴哈尔节时用面粉在内墙上涂抹的印记仍在。而在房屋的外墙上，有一道黑色的痕迹。阿布拉汗说，那是古尔邦节时在屋顶上宰羊之后流下的羊血。

阿布拉汗说家人想把老房子推掉，但他不想。老房子就是一座博物馆，满载家人的回忆。

## 苹果花与核桃树

《苹果花》是一首在东帕米尔高原流传广泛的民谣，塔吉克鹰舞传承人麦热木汗・阿迪力为我们演唱了这首歌。我们的翻译比比汗・阿尤甫和她的妈妈一起翻译了歌词：

亲爱的苹果花，
我的心在花丛中如雄鹰般飞翔，
无论流多少汗水都心甘情愿。
心爱的苹果花，
我的心在漫山遍野中寻到了真爱。
我将我的心意送给你，
我的真爱——苹果花。

从中南民族大学毕业的比比汗说，有部分歌词太古雅，对她这样的年轻人来说，已经很难听懂了。

后来，在《新疆塔吉克族文学作品精选》中，我看到一篇反复提及“苹果花”和“奶苹果”的小说——肉孜・古力巴依创作的《哦！迪丽帕热》。故事讲塔吉克女孩迪丽帕热因为歌喉美妙而入选乌鲁木齐的艺术学校，却被保守的家族阻挡，这时她的高中同学——也是她的初恋情人——迪利杜尔，勇敢地说服父母，与迪丽帕热订婚，并牺牲自己读书的机会支持未婚妻上大学。迪丽帕热被都市的繁华吸引，迷失自我，背弃了与迪利杜尔的婚约。她也受到相应的惩罚，被新的爱人遗弃。故事结尾，在宾馆做服务员的迪丽帕热与到乌鲁木齐参加劳模大会的迪利杜尔相遇，最终得到他的宽容和谅解。

迪丽帕热是凭借一曲《苹果花》赢得考官青睐的。我以为《苹果花》出现在小说里只是巧合，经小说作者肉孜・古力巴依证实才知道并非如此，创作这首民歌的，正是肉孜。

肉孜出生于大同乡，曾在乡里工作多年，业余从事写作，退休之后定居喀什。他说起20世纪70年代写《苹果花》的背景：当时他远赴乌鲁木齐读书，一年冬天在二道桥的大巴扎买苹果，苹果的香味让他回想起大同特产“奶苹果”。奶苹果又小又白，有种特别的芳香，摘下来之后香气还经久不散，让人回

馕大概是大多数新疆人的乡愁。塔吉克人以馕作为主食，一天三顿都离不开馕。馕的种类和花样很多，除了面粉作为主料外，也可加入鸡蛋、牛奶、芝麻等各种配料　　摄影_刘湘晨

想起春天盛放的苹果花，就像远离了心爱的姑娘，但依然不减的爱情的力量。他因而写下诗歌，将诗句献给名叫“苹果花”的姑娘，又把传统民谣的曲调改编成旋律。此后深得大家喜爱，广为传唱。

《哦！迪丽帕热》里还写了核桃树。肉孜说：“村子里所有集会都在那棵大核桃树下进行。老老少少，爱人情侣，一有机会便聚在树下，或聊天，或谈情说爱。即将结婚的姑娘和小伙子也在树下祈求婚姻美满幸福，祈求自己的家族就像这棵树一样根深叶茂。核桃树在人们的心中变成了神圣的存在，它的每一个枝叶都记录着这里的人们的苦难经历和欢声笑语。这棵核桃树的历史谁也说不清楚，就是过了百岁的长老们也说，在他们的孩提时代，这棵核桃就长得这么枝繁叶茂。”

肉孜说，这棵树是真的，关于核桃树的神话也确实在民间流传：很久以前，一个叫赛尔赛里木的勇敢猎手在放牧时误入一个山谷，山谷中有一棵巨大的核桃树，果实累累。他用皮囊装满了核桃想带出山谷与村人分享，却怎么也走不出去。直到他在睡梦里得到神仙老人的指点，只带一颗核桃，终于走出山谷。他把它种在村子里，成为现在这棵核桃树。

“那个山谷也是真的。”肉孜说。有人曾想去核桃山谷探险，结果摔伤了腿，自此就再也没有人敢去了。肉孜的描述让大同乡蒙上了神秘色彩，一个物产丰饶、民风质朴，又与世隔绝的塔吉克秘境。

至于迪丽帕热的故事，则取材于肉孜身边的真事，就发生在20世纪80年代的大同乡。与小说不一样的是，现实中的迪丽帕热并没能真的走出大山。

不停地为食物劳作曾经是塔吉克男女的宿命。努尤告诉我，她家住在县城，家里最多的时候住过十多个不同年纪的上学的孩子，其中不少来自偏远地区的亲戚家。在她的记忆里，母亲从来没有坐下来过。“无论早晚，无论健康还是生病，女人是没有理由倒下去的。如果我病了，我妈肯定会对我说，这算什么，打起精神来干活去，你就会好了。”直到她上了大学，寄住的孩子们也纷纷长大离开，她才第一次看到母亲坐下来喝一杯奶茶。她的故事已经与母亲不同，努尤、比比汗还有阿布拉汗，都是生存在文明夹缝里的年轻人，这是他们的幸运，也带给他们困扰。

# 苍莽荒凉中，绣一室繁花似锦

撰文 霍亮子　摄影 连姝凝 等

塔吉克人家是敞开的，家家户户洒扫整齐，可以随时开门迎客。传统的塔吉克民居蓝盖力只开一扇顶窗，新建的房屋格局虽有变化，很多正房仍然保留这项传统。房屋如同洞穴，彼此毗连，进门时眼前一暗，待到登堂入室，一片繁华绽开。沿墙壁的一圈坐炕，一处不漏地装饰着毛毯、壁挂、靠枕、床单，层叠堆放着被褥，无不艳丽夺目。

这是塔吉克人家给人的第一印象，也是女主人能力的明证。装饰里的刺绣多出自家中女人之手。千百年来，塔吉克女人就在这种『检视』之下不断精进，打理家中内外事务，空闲之余『见缝插针』，造出自己的锦绣河山。

沙丽加瓦尼展示她的刺绣作品。塔绣几乎是每个塔吉克女性必须掌握的手艺，能亲手绣出精美的陪嫁品，是传统上判断塔吉克族女孩能力的重要标准之一　　摄影_王毅楠

## 母亲的生活哲学

沙丽加瓦尼·别克瓦孜今年50岁，从记事起就跟母亲学习刺绣，现在是新疆维吾尔自治区区级的塔绣技艺传承人。她个头不高，脸庞饱满红润，站在自己的小世界里，谦逊又骄傲，是细密画里比例合称的女王。而我和摄影师，是闯进画里的莽撞客人。

她家住在麻扎尔种羊场，靠近塔什库尔干塔吉克自治县通往中巴边境红其拉甫国门的公路，海拔约4000米。正当盛夏，空气清冷，零星飘着雨点，村子背后就是河流和大山。沙丽加瓦尼走出铁门迎接我们，穿过院落，先在进门右侧的方形房间里落座。她一趟一趟进进出出，送来青稞馕、牦牛酸奶、奶茶和黄油。吃饱喝足后，我们才转移到左侧的长条形房间，她又一趟一趟进进出出，捧出枕套、绣片、帽子、衣服，向我们展示作品。最后我们进入装饰最为华丽的正房，彻底迷失在她的"细密画"里。

塔绣的针法无非十字绣、平绣、绒面绣和拼布对花，也常见珠绣和锁绣，技术并不复杂，却以特别的配色方式和层出不穷的花样取胜。

沙丽加瓦尼家的十字绣抱枕规整摆开，图案有菱格、三角、圆环、花朵、动物，配以红色、绿色、紫色、橙色、黄色、艳粉，其中的几何图案以三角形为基本构图，环环相套，又变幻出方形、矩形，黄色配粉色，橙

塔绣在塔吉克族人日常生活中运用十分广泛，多见于服饰——帽子、衣领、胸襟、袖口、腰带、荷包等，也常见于家居和生活用品——被巾、盖布、手绢、窗帘、门帘、桌布、挂饰等　　摄影_王毅楠

色配绿色，如万花筒一般。

问起图案含义，沙丽加瓦尼和其他传承人一样，并不确切知道，“只因为好看”。她只认“好看”，从老绣片上拓下的花样，也毫无束缚地吸收外来元素。枕套中间一个红“囍”，错把“士”字头的那一竖拉长，穿入下方的“口”种——显然是对字符不熟悉，纯粹当图案使用。“囍”字两边各一只喜鹊——这幅“喜上眉梢”一定是从汉族的花样里“借”来的。

她最得意的绣品，灵感来自一张巴基斯坦地毯，并非简单复制，而是经过变形和重新组合，属于再设计。1.5米×1.2米的大作，两个月时间绣了一对，真是快手。其中一幅在筹备大女儿的嫁妆时卖掉了，另一幅装上镜框挂在正房，跟印度女星海报和案几上的红色塑料花朵共同构成房间里地位最显赫的装饰。在这样的房间里——铺着来自喀什的羊毛地毯、立着手工描绘的木质家具，连同满屋刺绣——让海报和假花都脱离了原本的廉价感，反过来又赋予几何图案以生命气息，配合得恰到好处。

沙丽加瓦尼一开口就停不住，能不带喘息地说上十分钟，让充当翻译的比比汗·阿尤甫笑得前仰后合，差点忘记了自己的任务。她说家里十个兄弟姊妹，五男五女，她排行老二，是长女。小时候，女孩子们都学绣，母亲会分配不同任务，教导她们，学刺绣可以为自己做嫁妆、装饰家里，还可以补贴家用。这显然是母亲最重要的教诲，沙丽加瓦尼重复了很多次。事实上她也谨遵母亲的教诲，她告诉我，早年生活困难时曾用手工换来四只绵羊。

## 塔吉克人的色彩密码

配色依靠的也是直觉。

木丽克加瓦妮·玉克萨克15岁，家住波斯特班迪尔村，和很多同龄的塔吉克孩子一样在喀什上中学，只有寒暑假在家，汉语流利。妈妈已经教过她刺绣，她先学着用十字绣的针法在底布上以黑色绣线绣出轮廓，耗时一个月，再学填色，在妈妈的帮助下完成第一幅绣品。问她觉得什么颜色配起来好看，她翻译母亲的话，先把不同颜色的线配起来试试，如果不好看就换另一种，直到通过眼睛的检验。“她们的感觉通常都是对的。”这样的自信来自传统的耳濡目染，也来自技术纯熟后孕育的直觉。

塔吉克人家常把家庭照片摆在最庄重显耀处，木丽克加瓦妮的妈妈心灵手巧，正房墙上挂一个玻璃画框，展示一块绣片，十字绣图案正中镂空，露出一张黑白旧照，是一名站在湖水前、留髭须的塔吉克男子半身像，十字绣成为别致的相框。这是传统绣片的创新用法。我认出来，照片里的英俊男人是伊萨克·阿扎罗——塔吉克近五十年来最伟大的民歌手。伊萨克是木丽克加瓦妮的爷爷。

我拜访过的人家里，以十字绣和拼布抱枕最为常见。拼布的图样十分统一：用红色、黑色、白色和金色布料剪出三角形，再用三角形进行图案拼合，周围一圈饰边，正中大多为十字交叉图案。这样强烈的色彩对比时时可见。塔吉克人婚礼上红色与白色并用，大部分人的解释是红色象征生命，白色象征纯洁。但曾在塔什库尔干县文体局工作的塔吉克族学者艾布力·艾山汗有不同看法，他认为白色在塔吉克文化里象征死亡，红色与白色同时使用符合拜火教二元对立的哲学，生与死在庄重的欢庆仪式上同时显现。

在帕米尔高原，自然的尺幅巨大，天、地、山、水，你进一步，它们便退后一步，只能远观。青灰色的空旷里忽然出现红色的一点，触目惊心，直到红点缓缓放大成赶着羊群的红衣少女。也许正是自然的粗疏辽阔，才造就了服饰的细腻艳丽。这样的红色能够到达视线可及的最辽远处，在地广人疏的帕米尔，是多么重要的生命提示。

红色属于年轻女子，是少女和新娘的标志色。新婚宴尔的扎丽甫在我住宿的石头城宾馆工作，每日穿着新娘的红色盛装出现，不仅豁免穿制服的义务，而且成为酒店里最惹眼的风景。艾布力说，新娘的装束常常会穿戴一年到一年半，要诞下第一个孩子才会褪去红装。为什么新娘的身份会被如此强调？艾布力回答，此后她就会进入艰苦劳作的家庭生活，这可能是她一生最鲜亮的日子。

老年人自觉选择暗淡的颜色。古丽扎·艾尼扎尔家住提孜那甫乡栏杆村，是乡政府的宣传干事，她的妈妈是公认的塔绣高手。古丽扎说：“年轻人戴颜色鲜艳的帽子，年纪大一些的，戴的帽子多为白色、绿色、蓝色。塔吉克人特别忌讳黄色，黄色意味着有丧事

典型的塔绣图案。塔绣多为方形、三角形、圆形及不规则点线面等各种形态构成的简单图案；配色上多运用大色块、强对比，明丽夺目，也许曾经是为点缀或对抗生存环境的荒寂（右图）

或家中发生了不好的事情。”但她后来也说这些古老的禁忌已经没那么严格：“现在年轻人觉得无所谓。”

## 头顶的“王冠”

塔吉克人的日常服饰跳出了传统，或者说形成了新的现象。年长的男人们穿黑色或深蓝色，戴鸭舌帽或窄边的凉帽，这种装扮在西北地区很普遍。年轻人大多穿夹克衫、牛仔裤，戴一顶棒球帽，像是新的民族服饰标准，自带户外感。女性的服饰变化要慢些，戴传统圆帽的还很常见。不过时髦女孩子的打扮直追潮流，在朋友圈发自拍，已多是任由长发披肩的造型。

塔吉克号称王冠的民族，帽子象征头顶上的王冠，是最有代表性的服饰。婚礼上新郎即便已经改穿西服，也要戴一顶黑色翻毛镶红线的吐马克帽。古丽扎提起：“听长辈们说，帽子上一圈一圈的线象征太阳。”

塔县众多女性日常仍会戴库勒塔帽。这种平顶圆帽，上缘比下缘略宽，全帽饰有纹样，帽围是细腻的十字绣，左右重复展开，上下有编织的装饰带；帽顶常以平绣绣出大朵团花，冬天的帽子在脑后有一块可以放下来的棉垫，用来保暖。从帽圈上特别能看出塔绣的细腻，除了图案部分，还需用十字绣铺满底，一针一线，要绣上几周。技巧之外，考验的是耐心。

古丽扎说自己已经没这样的耐心了，她从小看外婆和妈妈刺绣，太耗费心血。我问过几个同古丽扎一样，曾长年在外求学的塔吉克年轻姑娘，都已经很少亲手刺绣了。

年轻人没有心思自己做，然而帽子的需求量并没有减少。塔什库尔干乡瓦尔西迭村的一场婚礼，仅一个下午，新娘收到亲戚作为贺礼的帽子就装了两袋，有二三十个。

县城汽车站对面的“菲丽巴手工艺品专业合作社”专卖塔吉克服饰。创办人姑丽赛乃木·胡加木卡力地与十几位女伴共同担任股东，还成立了手工艺培训学校，教授刺绣技艺。姑丽赛乃木说现在的顾客大多数是塔吉克人。比起很多绣娘把陈旧绣品拆开、做枕头的填充物或者干脆烧掉的做法，她先行一步认识到它们的价值，墙面上挂着好几顶“古董”帽子用于出售，其中一顶是海拔较低的塔尔塔吉克民族乡、库科西鲁克乡和大同乡的男人夏季戴的帽子，比吐马克帽轻便，白色棉布做底，以黄色、绿色和紫色绣出调角相套的正方形图案，并用十字交叉线将里外两个正方形连接起来，对撞的颜色、细小的针脚，规整秀丽又清新脱俗。

## 传统之变

塔什库尔干县非物质文化遗产办公室主任都力坤·米那瓦尔花费20年时间收集整理了800多种塔吉克的纹饰花样，成果正准备结集出版。从他整理的图样中可以看到，刺绣的用途曾经十分广泛，除了家居的抱枕、衣服的饰边，还会出现在马具、腰带、手帕、背囊、荷包上。古丽扎说，她妈妈年轻时曾送给爸爸一个刺绣的荷包，作为定情信物，爸爸一直带在身上。

纺锤和纺线（右上）

打穗子。把纺好的线绕在纸板上，绕到适当数量，从下方剪开，用横端的线系紧，穗子就制成了（右下）

如今，刺绣腰带在日常生活中消失了，男人们系上了刺绣的领带。骏马已经不用刺绣马鞍，但婚车仍然会用刺绣的彩带作为装饰。

不只是使用范围缩小了，近些年来，塔吉克刺绣的工艺、材质、绣线等，也在悄然发生着变化。

“菲丽巴手工艺品专业合作社”里，有人送来一批做衣襟饰边的绣片，花样还是传统的，却是机绣，价格只是手绣的1/3，姑丽赛乃木说：“现在也有人买。”

材质是一个问题。姑丽赛乃木还保存着一幅外婆手绣的库勒塔帽绣片，底布是纯棉材料，编织细密，因而刺绣的针脚也格外小。一二十年前，生活相对困难，很多塔吉克绣娘把装粮食的编织袋拆下来作为底布，利用上面的纹路做十字绣。现在普遍使用的则是批量生产的十字绣专用底布，虽然方便，不过材料多是化纤合成，纹理相对粗疏，针脚也比以前粗大。

绣线也是如此，艾布力告诉我，过去尊贵人家的绣线是真丝的。沙丽加瓦尼也还有使用羊毛和驼毛纺线的记忆，她绩线用的纺锤用胡杨木制成，自外婆传下，已超过百年。沙丽加瓦尼说县城曾有染坊，她们会买来染料自己染线，染料“是真的”。当追问她“真的”是天然染料的意思吗？她只是回答，不会轻易褪色。现在的绣线都是工业生产的成品，基本是化纤材质，除了质感，直接影响的是色彩呈现。旧照片里塔吉克服饰上的桃红与鲜红都自有一种温暖敦厚感，这样的颜色现在已很难看到。

## 难以解读的神秘纹样

艾布力戴了一条刺绣领带，他指着领带上红色弯钩形的纹饰说，这是典型的塔吉克纹样——羊角纹。

塔吉克刺绣纹样繁复，却难以解读。目前所见的对于塔吉克刺绣符号的解释研究除少数有定论之外，都显得过于仓促。都力坤对他收集整理的一些纹样给出了解读，如象征羊角、太阳、冰山等。但要进行全面解读，显然是一项复杂而系统的工程。

2013年，提孜那甫乡的吉尔赞喀勒黑白石条古墓群开始发掘，出土了琉璃珠和玛瑙珠，其上有三角、波纹、十字等图案，社科院考古所巫新华博士撰文说：“出土方形、亚腰形片状玛瑙串饰上的三角形与变形三角形纹饰具有典型亚欧草原青铜时代文化特征，而十字形纹饰则为西亚文化特点。”这些纹饰可以在塔吉克当前的刺绣花样中找到对照，但要论证直接联系仍然缺乏中间的链条和证据。

在帕米尔高原生活了几千年的塔吉克人，先后受到拜火教、佛教和伊斯兰教的影响，同时与周边民族不断交融。这些代代传承的图案经过多年的融合与修正，有些消失湮没，有些变化形状，随时又有巧手工匠加入崭新元素，每个符号背后都有跨越时空的故事，是无法简单释读的密码。

这些神秘的符号在塔吉克人的生活中仍无处不在，规范着他们的眼睛，训练出他们对于美的敏锐知觉，并且将以不可思议的方式流传下去。

正在纺线的沙丽加瓦尼。在塔什库尔干地区，处处可见正在刺绣或缝制服饰的塔吉克族女性。即便与人闲聊或出神地看着远处时，手中针线也依然在布上穿梭飞走。到当地人家里做客、留宿，会发现大部分主妇工作、家务之余都会做刺绣（左图）

# 大同山谷，杏树坚忍

撰文 姚瑶 摄影 高嵩 等

离开塔什库尔干塔吉克自治县近一个月后，某个陡然降温的秋夜，在家中整理书桌。书的夹缝里滚落一颗浅褐色的杏核，掉在地板上，发出一连串清脆的撞击声。我捡起杏核，仿佛捡起一枚宝贝：这是来自近5000千米之外、东帕米尔高原腹地——大同乡的存念。

『嘘，你听见水的声音了吗？』耳边仿佛传来孜拉拉·依斯拉木的细语，她竖起食指，在唇边示意。

## 世外杏源，不再遗世独立

9岁的孜拉拉·依斯拉木家住叶尔羌河附近的大同乡。夏季的夜晚，她听见房子不远处叶尔羌河奔腾的水声，“声音可大了，都不让人睡觉”。白天，孜拉拉跟着家人一起去自家的杏树林里摘杏子，金黄色缀满了枝头，用长木杆一敲，噼里啪啦掉一地，孜拉拉弯下小小的身子把一颗颗杏子捡进铁皮桶里。

大同，塔吉克语“峡谷”的意思。发源于喀喇昆仑山脉的叶尔羌河自南向北奔涌，在西昆仑山脉间生生切出一道道峡谷，其中一条南北蜿蜒的山谷就是大同谷。大同谷里的塔吉克人喜爱在房前屋后种上树木和花草，他们认为，没有杏树，哪来的房子？

大同山谷里适宜居住的区域在海拔1800～2200米。较之海拔3800米以上苦寒的牧区，这里气候温和，日照时间和无霜期长，且冲积土层区域适宜种植庄稼和各种果树，比如野苹果树、核桃树、梨树，以及满沟生长的杏树。山谷里的杏花盛开了1000多年，年复一年开了谢，谢了开，世世代代在大山里遗世独立。

如果在每年3月底4月初到来，整个河谷就如同一条如烟如雾的“杏花河谷”，红的、白的、粉的杏花绽放，冰雪初融的河水呈现出一种通透的绿意，晴朗无风时如镜面一般，倒映着岸边的杏花和漫天白云，衬托在周遭西昆仑山脉粗粝高耸、贫瘠裸露的黄褐色山体里，形成巨大的反差。这片“杏花河谷”，是帕米尔高原在苦寒荒凉中的柔美诗意。

看似娇俏柔软的杏花，其实并不娇贵。它不喜肥沃的黏厚良田，反倒适宜在西部土质贫瘠、含钾量高的沙性土壤中生根繁衍，耐旱耐寒又抗风，一如帕米尔高原和塔吉克人的坚忍。

已经没人能说得清楚大同塔吉克人的先祖是什么时候到达这座山谷中的。82岁的塔吉克老人艾米尔秀·多来提夏只记得一代代口口相传到他这里的版本：先祖们因为躲避战乱，从如今的塔吉克斯坦、阿富汗、塔什库尔干等地迁居到大同。

20世纪50年代之前，90%的大同乡塔吉克人从不出山谷。每年冰雪初融的春季，为数不多的维吾尔族商人用毛驴、马驮着茶叶、

受高原海拔及气候影响，大同乡的鲜杏较平原地区晚熟。7月中旬，当平原地区的鲜杏进入收获的尾声时，大同乡的鲜杏才刚刚成熟　　摄影_叶金

整个大同乡种植有400余亩杏树，每年杏子成熟季，塔吉克人从杏树林摘下一桶桶鲜杏，除了自己吃，也拿来送亲朋和售卖。鲜杏也可以晾晒成杏干，杏核里的杏仁还可以做成杏仁粉、杏仁茶、杏仁油　　摄影_叶金

盐、糖等物品来到山谷，换取塔吉克人的杏干、杏仁和牲畜。50年代后，开始陆续有汉族人进入大同谷地。但一直到90年代塔莎公路修通之前，进出大同谷地的人都不多。很多老人甚至一辈子都待在这高山深谷里，过着自给自足、不问世事的日子。

到了孜拉拉这一代，他们早就和爸爸妈妈一起，与爷爷奶奶告别，去喀什地区岳普湖县塔吉克阿巴提镇定居和求学。只有暑假，她才回到大同乡，“有大山，山上有草原和很大的水”。

大同塔吉克人搬迁到阿巴提镇、塔什库尔干县城等地，始于1999年夏季的一场特大洪灾。时至今日，大同乡的塔吉克人依然对1999年塔什库尔干县发生的特大洪灾记忆犹新，巨大的洪水引发泥石流，房子、田地、牲畜都被洪水冲走。老人们说，大同乡有12个人被洪水冲走，下落不明，同样位于叶尔羌河畔的布伦木沙乡更是受灾严重。

作为直接起因，自2000年起，塔县的受灾群众陆续被迁居到喀什地区岳普湖县塔吉克阿巴提镇。据新疆师范大学国际文化交流学院副教授刘明调研统计，大同乡在2000—2005年共计4次搬迁过程中，有96户、516人搬迁到塔吉克阿巴提镇，这是对塔吉克人传统家长制大家庭生活方式的冲击。小家庭被迫因自然灾害从大家族中剥离出来，搬迁到塔吉克阿巴提镇定居，家族中不愿搬迁的老人和下一代依旧在大同谷中过着农耕和游牧交替

每年3月底到4月初是杏树的花期，粉的、白的、红的杏花竞相绽放，成为这片苦寒荒凉的高原里最柔美的诗意

的生活。

随着大同乡塔吉克人的外迁以及不少摄影师对杏花村的探访，大同谷地这片“世外杏源”遗世独立的状况也日渐改变。一些大同乡的塔吉克人将自己的房子翻修扩建成民宿，接待来自世界各地的“杏花访客”。

即使如此，现在进入大同乡也非易事，尤其在七八月的雨季和大雪封山的冬季。

## 古道险阻，探寻杏花村

探寻高原“杏花村”的路，是一条沿着塔什库尔干河向东，在西昆仑山脉山下的绝壁中开拓出来的路，宽不过三米，仅能容一辆车单向行驶。到了8月份雨季，雨水混杂着冰雪融水自山顶向下冲刷，让这条路饱受泥石流和山体滑坡之苦。一路上碎石遍布，凿出的山体与路面形成近乎垂直的角度，越野车以每小时10 ~ 20千米的速度颠簸前行。路边的山前戈壁滩或一小片草地上，随处可见硕大的落石，层层叠压着。一旁咆哮着的塔什库尔干河与陡峭高大的山体夹击，形成巨大的压迫感。

真正进入大同乡，要从塔什库尔干河与叶尔羌河汇合的“幸福六号桥”算起。往东流淌的塔什库尔干河在这里汇入自南而来的叶尔羌河，再继续滔滔东去。过了两河交汇处的桥，沿着叶尔羌河南下，就开始进入大同乡了。路愈发艰险，某些路段遍布的碎石，从之前的鸡蛋大小变成拳头大小，越野车紧贴着悬崖峭壁蹒跚前行，仿佛随时要被一张无边无际的石壁大嘴吞噬。

这段通往大同乡的路，今天走来依旧称得上是高山恶水的艰险之途。然而，和两千多年前行商往来于此的古人所走过的路相比，似乎也算不得什么。

从塔什库尔干县城到大同乡近180千米的路，是汉代丝绸之路南道三条支道之一——“塔莎古道”的西半段。在20世纪90年代公路开通之前，从塔什库尔干到莎车的“塔莎古道”只能步行往来，需要十余天的时间；从“塔莎古道”的中间位置大同乡抵达塔什库尔干，需要翻越三道冰达坂，30多次蹚过湍急的河流。有学者认为，公元644年，玄奘东归大唐，在朅盘陁国作短暂停留后，同样是沿着这条古道抵达大同乡，再前往莎车。不过学界对玄奘从朅盘陁国到乌铩国（今莎车）的路线持有争议，说法不一。

无论如何，玄奘在《大唐西域记》里记载过他走过的路，古今并无本质的不同。东下葱岭东冈后，要攀登危岭，穿越洞谷，途经险阻，风雪相继。如今一千多年过去，虽已建有公路，但“危岭”“险阻”依旧——距离大同乡20余千米时，路面被山洪裹挟的落石毁坏，我乘坐的四驱越野车发起了多次冲击，最后也只能陷在碎石堆里，任凭发动机发出绝望的喘息。

伊力明・伊力奇骑摩托车带着十来岁的儿子刚从县城返回大同，同行的还有他的邻居。他们停下车，站在路边看着越野车一次次徒劳的努力。最后，我和摄影师搭他们的摩托车骑行进入大同。

## 物尽其用，一颗杏的生活智慧

雨淅淅沥沥下了一夜，田埂小道边成片成片的杏树林在清晨的雨雾中显得愈发青翠，一颗颗金黄色的杏子凝结着欲滴的水珠，一些熟透了的杏子掉落堆积在土壤表层，在逐渐腐化的过程中散发出甜腻的气息。

大同的鲜杏晚熟，7月中旬，当平原地区的鲜杏进入尾声时，大同乡417亩杏子才刚刚成熟。走在村子里，只要偶遇塔吉克老乡，他们都会从树上摘下满满一捧杏子递给我。杏子皮又脆又薄，一口咬下，在嘴里嘣的裂开，汁液四溅，绵软的果肉混杂着脆生的果皮，发出轻微的滋滋鸣响。尽管知道鲜杏不宜多食、杏仁有微毒，但有什么关系呢，一辈子能有几次机会抵达这东帕米尔高原高山深谷中的杏花村，为什么不允许自己放肆一把？

17岁的拜给木正在自家的院子里砸杏仁，小板凳前铺了一张塑料垫子，上面堆满了杏核。拜给木捡一粒杏核放在四方石板上，再用刚好够手握的石头轻轻敲击杏核，包裹着黄褐色外衣的杏仁就蹦了出来。当她抬头看见相机对着自己时，几乎是从板凳上弹了起来，害羞得跑到房门后头躲着不肯出来。

拜给木的爸爸，艾拉木克・拜给木正倚在门口纺羊毛线，用来编织羊毛鞭子。他邀我们进屋，拿出一碟杏干和杏仁，用手势示意我们多吃点儿。这是他们自己晾晒的杏干。每年7月末至8月中旬，塔吉克人会将自家摘的一桶桶鲜杏齐整地铺在塔吉克传统民居蓝盖力平坦的房顶或铁丝网架子上晾晒。阳光好的时候，一周就能晒好。

害羞的拜给木这会儿又忙着在石臼上来回碾磨杏仁，收集起一小碗乳白色浓稠的杏仁浆

看似娇俏柔软的杏花，其实并不娇贵。它们耐寒、耐旱、抗风，在荒凉贫瘠的大同山谷里生根繁衍了一千多年，与塔吉克人的生活融为一体　　摄影_小强先森

汁，再倒进刚刚煮沸的砖茶水中，给我们送来飘散着异香的杏仁茶。啜一口杏仁茶，就一口杏仁，沁人的野香久久在唇齿间徘徊，不愿散去。

在帕米尔高原，大概没有哪一种水果能像杏子这样物尽其用。鲜杏或食或卖，更多的用来晾晒成杏干，均匀饱满的，当作充饥果腹的干粮；个头干瘪的，浸泡后喂食牲畜。鲜杏或杏干吃完之后，杏核也是不能随意丢弃的宝贝：从杏核里砸出杏仁，可以直接食用，也可以磨成杏仁粉，榨出杏仁油，还可以像拜给木刚示范的那样，碾磨出浆汁做杏仁茶。

在苦寒严酷、物资匮乏的帕米尔高原，一枚杏不仅能像变戏法一样衍生出各种功用，还被塔吉克人赋予了神秘的祈福力量。塔吉克家庭刚出生不久的婴儿，脸上通常会被涂抹上“杏仁黑”——烧煳的杏仁碾碎后得来的焦黑色粉末。在他们看来，高原严苛的自然环境里，一个新生命的诞生和养育绝非易事，抹上“杏仁黑”，不要过多关注婴儿娇嫩的脸庞，放任他在炕上摸爬滚打，和小牛小羊玩耍，随着院子里的杏树一起长大。

临告别时，艾拉木克·拜给木抓起一大把杏干装进我的衣兜。“没吃上饭，没吃上羊肉，杏一定要带着，路上饿了吃。”拜给木翻译爸爸说的话。他又拿出两串杏仁项链执意送我们，这是塔吉克人保存杏仁的方式，在年轻的恋人间，杏仁项链还是传情的介质，心形的杏仁串在一起，如同把自己所有的真心送给对方。

深藏在杏子里的爱，就像塔吉克女人不常露出的笑容，所有的悲喜哀乐都隐匿在内心里，隐匿在那枚小小的坚硬的杏核里，日子就这样在无穷辽阔的帕米尔高原上静静流淌。

随着大同乡塔吉克人的外迁及不少摄影师对“杏花村”的探访，大同谷地这片“世外杏源”不再遗世独立。近年来，不少塔吉克人将自己的房子翻修扩建成民宿，迎接来自世界各地的“杏花访客”。

# 胡萝卜，抓饭的色彩

撰文 安歌
插画 白芳圆

站在收割后的麦子油菜地里，虽然处处被山挡住目光，也只觉旷远寥落，那微微的晕眩像船行水上的辛弃疾："行到东吴春已暮，正江阔、潮平稳渡。"低头却见田地里有大蓟在麦茬间粗壮地长出来，我远远地问负责农业的塔吉克族副乡长："这是什么草？"

他正在田埂边低身拔胡萝卜，听到我的呼声回过头来，手里拎着几根沾泥带叶的亮黄萝卜。就近在溪水里洗完，他走过来，一边邀我吃，一边用不太熟练的汉语回答我："草嘛。"

到底有没有问到大蓟的塔吉克名字，已记不得了。但那刚刚被拔起的胡萝卜经溪水洗后的香甜与清脆，至今难忘。

## 胡萝卜的黄

日本人玉村丰男的《全球蔬菜纪行》里写新疆的塔吉克、维吾尔、哈萨克等族共有的美食——抓饭，"在中国的抓饭里，番茄、辣椒、洋葱都扮演着重要的角色，胡萝卜则不那么受重视……"看到这里，我竟要替我故乡的众民族弟兄姊妹们勃然大怒，甚至想仿照《查令十字街84号》的女主角海莲看到错误百出的书那样，要把它们一页页撕下来，用来包书——幸好我没有书需要包。玉村丰男所说的"中国的抓饭"是塔吉克人的美食，其中必不可少的蔬菜是胡萝卜和洋葱，见不着番茄、辣椒的身影。如果说有关系，也是后来人们因抓饭油较多，而常配一盘由番茄、辣椒、洋葱组成的名叫"皮辣红"的凉拌菜。但玉村丰男后来也在文中补充："随着地域的变化，抓饭里渐渐出现了胡萝卜，人们甚至还要执着于红色的胡萝卜好还是黄色的好。"我就渐渐原谅了他。

如果恰逢3月中旬塔吉克族过肖贡巴哈尔节，一定要进入这个迎接春天的节日，行走在各个村子的奔走祝福声中，接受主人撒在客人肩膀上表示祝福的面粉。这时候在塔吉克人的房间里，天顶罩下来的光都有春天的生气。男主人盘腿坐在被挂毯、坐毯、枕头、被子包围的如花似锦中，用随身带着的刀子熟练地把羊肉削成一块一块，按照一定秩序分给众人……最后一道"菜"当仁不让是米粒通体透明、油黄流香的抓饭。

"皮牙子在蔬菜中趾高气扬，胡萝卜在茄子面前炫耀自己的堂皇。"生活在17、18世纪的巡游诗人则勒力在《萨克诗简》中写到这句时，想到的大约也是手抓饭，否则这两样做手抓饭的菜蔬在他的诗里，怎么会如此气宇轩昂。皮牙子是洋葱在新疆的名字，但在做好的抓饭中，洋葱却完全不见了踪影——在羊肉、大米、胡萝卜、油的“知遇之恩”中，洋葱被融化殆尽在抓饭里，唯余灵魂的风味在抓饭的晶亮里顾盼生辉，胡萝卜的黄则在抓饭里流动成凡·高的星空。

说起抓饭必不可少的胡萝卜，我一度很疑惑：不是应该叫黄萝卜吗？缺少了黄萝卜，怎称得上正宗的抓饭？

黄萝卜在国内的种植地域并不多，新疆算是最重要的产区之一。尤其在南疆地区，抓饭中黄、红两色胡萝卜的配比，前者要稍高一些。黄色的水分更充足，红色的口感更加香甜，两种颜色的胡萝卜成就了抓饭鲜亮的色彩。

## 一地有一味

胡萝卜既然前头冠以“胡”字，即可纳入“归雁入胡天”的传奇。它的原产地是近东和中亚地区，与塔什库尔干塔吉克自治县相邻的阿富汗，是紫色胡萝卜（现代品种的原始祖先）最早的演化中心，栽培历史在2000年以上。胡萝卜喜欢冷凉的气候，需要较大的温差以利于肉质根的建构与形成，同时保证较高的胡萝卜素、茄红素的含量。新疆阿姨来海南时说：“这地方，什么菜的味道都比新疆淡几分，皮牙子、胡萝卜都没味了。”我倒是没感觉出来，大概是我离开新疆太久，已不知洋葱和胡萝卜真味。但细想，从植物生长环境特性来说，这也是完全可能的。

不同地区植物的分布是有差异的。春秋时代《晏子使楚》就提到植物的分布问题：晏子到楚国游说结盟事宜，楚国人看不起矮小的晏子，想要羞辱他。在楚国的酒宴上，两个士兵押了犯人进来。楚王问：“什么人？”士兵答：“齐国人，小偷。”楚王转头问晏子：“齐国人是否很擅长偷盗啊？”晏子离席答：“橘生长在淮南就是橘，到淮北就变成了枳，为什么？水土不同啊。老百姓在齐国不偷盗，跑到楚国就变成了贼，难道不是楚国水土养育的结果吗？”当然，故事里的南橘北枳，显示的是晏子化羞辱为反击的智慧，但从另一个角度看，则是植物划分带的问题。

植物的分布除了地质、历史等因素以外，还受到自然环境的影响：每种植物的需热量和忍受极端温度的能力是不同的。地球表面热量的分布很不均匀，所以在不同的气温带里，我们常常能看到不同的植物种类。在我国，秦岭—淮河是一条重要的自然地理分界线。它的北面是暖温带，南面则是亚热带。这条界线两侧的自然景观差异很大，植物种类差别也很大。此外，气温及积温也会导致植物的差异。

比如胡萝卜，虽然在很多地方都能生长，但滋味却不同。胡萝卜开花结果时，会尽量多地积累养料在果实中，可如果温度超过一定限度，光合作用就会减弱，呼吸作用加强。这样一来，胡萝卜的生长就受到限制，甚至还要消耗已积累的养料。于是，新疆阿姨来到海南，嗔怪这里的洋葱不够趾高气扬也就不奇怪了。

所以还是到塔什库尔干去遇见胡萝卜吧，如果没有人给你从田野里直接拔鲜亮的胡萝卜吃，那就吃抓饭吧。如果遇不到塔吉克族的肖贡巴哈尔节，就走进塔什库尔干县的饭馆里去遇见金黄流油的抓饭吧。

高原的生活造就了抓饭，塔吉克人的个性和生活样式造就了它的味道。在塔吉克人的抓饭里，高原的风、劈面而来的雪峰、花团锦簇的毡房、柴火烧热的炉灶……它们和食材合在一起，构成了塔吉克人的抓饭。

# 野沙棘，随遇而安中繁盛

撰文 安歌 插画 白芳圆

## 何处不相逢

很久以来，我习惯于向人询问路上遇到的植物的名字。开始是因为无知，后来就有了想听听他们如何回答的狡黠——事实上也不全是狡黠，而是通过他们的各色回答，我拥有了一个树的国度。这国度在各地人对它的不同叫法中，打开各地人的生活之门，拓展着树的疆界，也拓展着我。

摩托车挟持着风，驾驭着塔什库尔干河谷风的是塔吉克族人尕提。我坐在他背后，指着塔什库尔干河边的灌木丛问："那是什么树？"他偏头用眼角扫了下那几株野生沙棘林答："树嘛。"我追问，"到底是什么树呢？"他依然答："树嘛。"

抬高手，我指着河谷村庄次第错落的圆柏、桦树问："那些是什么树？"这回尕提没偏头就说："木头。"

我差点从摩托车后座笑得跌下来。也许尕提懂得的汉语很少，只能用这样的表述来回答我。又或许在他看来，但凡能用来做家具器物的，全是木头，而灌木野生沙棘林显然不在此列。

如果说，在塔什库尔干苍茫大山的围绕中，河流的某个拐弯处，四月春风里突然雪落半空的一窝杏花白是塔吉克人的小桥流水人家，那么，河谷上处处相逢的野生沙棘，便是塔吉克族人"诗言志"中的"志"，它见证并陪伴着塔吉克人世世代代繁衍生息。

## 河边的刺牙子

穿过刺牙子丛，塔什库尔干河汹涌地流淌着。春日渐长，冰雪融水在河面跳跃奔腾着，似乎在疑惑自己是怎么由冰变成水，又为什么流淌在这里。

夏季偶有的高温天气里，小兽般的男孩躲开父母，立在桥上、岸边，阳光为他们的身体嵌了光。他们一跃而下，光四面溅出，小小的胳膊在水面上划动，水光在他们身前身后涌动。

到了深秋，河岸的刺牙子丛、白杨、柳树和桦树色彩斑斓，水流则变得清澈平缓，甚至一度握住了天空的手。

然而，一场寒风之后，河水就凝固成明亮的冰面，雪落其上，与山顶的雪峰相辉映。

那些跳水的男孩，这会儿穿着厚厚的棉衣，或拉着爬犁子（人工雪橇），或和父亲一起推着车，到河边砍刺牙子回去当柴烧。寒风吹红他们的脸，吹裂他们拉爬犁子的小手，也吹蚀着沙地上的刺牙子，吹出它们适合燃烧的根系。

枝冠失去支撑的刺牙子们此刻匍匐在地，但仍活着，任风在其中呜咽。后来，刺牙子有了正式的名字：沙棘。

## 沙棘与麦子的合奏

风翻动着沙棘叶子，叶子正面的绿色、背面的灰白，与沙棘果实的橙黄和橘红交相闪烁。叶子表面的绿是此刻，背面的灰白是回忆——当然，沙棘自己对回忆可能另有说法：叶子背面的灰白，是为了防止野地里漫无边际的阳光灼伤自己。

枝条上的刺，则和很多有刺植物一样，主要是为了对付敌害，比如此刻正出现在河滩的我。但这样的概括可能会引起茎秆、叶柄甚至叶脉上都含有剧毒刺的蝎子草的不同意见。而沾满人们裤角的有刺毛的狼尾草种子大约会认为：长刺不是为了刺人，是为传播种子。能把叶子变成刺的仙人掌又有不同意见：长刺明明是为了减少水分的蒸发。

为传播也好，防御也罢，植物的刺基本都带有“自卫”性质，比如沙棘总不会主动跑到毡房里去刺人，除非打馕时要用它作燃料。但手脚麻利的塔吉克族妇人对它早已有所了解，总能巧妙地躲开它的锋芒，使其燃出噼啪作响的火焰。待火焰隐进枝条的炭火中，蹲在馕坑边的妇人手上包裹着厚厚的打馕手套，把做好的馕贴到被柴火烧热的馕坑里，再拿馕坑盖严严实实盖好，最后只等着沙棘的柴热把馕烤得金黄。这是河边沙棘柴火和田野麦子的合奏，柴火馕细咬起来，不只可以咬出麦香，还可以咬出烤它的柴火的香气。

## 远行并随遇而安

馕因为干燥，容易保存，是塔吉克人行走路上的必备食品。《马可·波罗游记》中有对帕米尔高原的记载：“这个高原叫帕米尔，在上面骑行，整整12天都看不见草木人烟，放眼处尽是荒原，因此行人必须携带其所需的足够的食物。”当年走进塔什库尔干这座西部丝路重镇上的人物：东晋高僧法显，唐代高僧玄奘，西方探险家斯坦因、斯文·赫定，基督教教士鄂本笃……想必也会带上塔吉克人的馕。直到现在，新疆人若去内地，随身携带物里也常常有馕。我在张家界天门峰顶上，就遇到过带着馕的故乡人，只是不知远途跋涉后，这馕还能不能咬出沙棘烤过的柴火香。

众声归寂，河流喧响，如今已受保护的天然沙棘林被送到了东经75°（新疆喀什地区）至122°（内蒙古通辽市）、北纬27°（云南迪庆藏族自治州）至48°（新疆阿勒泰地区）之间。在这些地方，生存条件好，沙棘就长成小乔木；水分缺乏，它就长成灌木状。如果遇到岩石，它的根会穿透岩石，顺着石缝扎下茂密的根系，一年内就能向四面衍生出十余条水平根，根幅达3米以上。沙棘一米长的根上可以萌发70个以上的芽，这种萌蘖和串根能力，使沙棘能够在3至5年内形成圆形的团状群落：最早生长、最高大的原生植株坐在群落的中央，周围围着越来越低的群落，一般最外边是一年生的小苗。远行，然后随遇而安，肆意繁盛。

# 红其拉甫国门寻蝶记

撰文、摄影 西锐

帕米尔高原，蝴蝶爱好者梦寐以求的一个特殊地理区域。由于巨大的地理跨度和海拔差异造就了独特的地理生态环境，也形成了极具高原特色的动植物地理分布区域，而蝴蝶正是其中极具代表性的物种。

## 地利与天时

受气候和地理因素影响，帕米尔高原地区的蝴蝶种类较少，但颇具特殊性，许多种类甚至在全国范围内仅分布于此。整个新疆已知的蝴蝶大约记录有300种，而塔什库尔干塔吉克自治县作为帕米尔高原在中国境内的主要区域，地理位置上又与中亚、南亚、欧洲接近，导致该地区的蝴蝶种类不仅带有极强的中亚、欧洲特色，也是新疆唯一分布有典型中亚、南亚交会区蝴蝶种类的地区，堪称国内蝴蝶资源最重要的区域之一。

我和同伴在塔什库尔干县进行野外蝴蝶调查已经过去三天了，其间还经过不少典型的蝴蝶栖息地，却连只蝴蝶影子都没有看到。

要在这一带看到蝴蝶的确不易。蝴蝶是完全变态昆虫，它的一生经历卵、幼虫、蛹和成虫四个阶段，人们常说的“蝴蝶”就是指成虫阶段。高原地区很多蝴蝶种类都是一年一代，即一年中只能完成一次变态过程，这意味着一年中我们只能见到一次成虫的发生。而这一年一次的蝴蝶发生期又与蝴蝶的寄主植物息息相关。受地理因素影响，高原蝴蝶的寄主植物往往只能在短暂的夏季，即6、7月完成生长、开花、结果的生命周期，蝴蝶则要赶在寄主植物的花期集中发生，完成交配产卵后即死去。

我们进行调查时为7月中旬，正是这里蝴蝶寄主植物的花期。但赶在了蝴蝶集中发生的季节并不够，因为野外蝴蝶调查还得“靠天吃饭”，日头越足，蝴蝶才越活跃。不巧的是，我们进行调查的前三天，每天都在风雨交加中度过，本就数量不多的蝴蝶都躲到石头缝和草丛里去了。我也只好遗憾运气不佳，在观察中继续等待。

## “纪念版”豆粉蝶

野外蝴蝶调查进行到第四天，天空终于放晴，微风拂面，我心里暗暗兴奋起来。从县城出发，一个多小时车程后到达皮斯岭。皮斯，塔吉克语里“雪豹”的意思，位于达布达尔乡南面的萨雷阔勒岭，与阿富汗仅隔一

巨大的地理跨度和海拔差异，造就了帕米尔高原极具高原特色的动植物分布区域，也使得这里成为国内蝴蝶爱好者追寻的理想之地。图为维斯豆粉蝶（*Colias wiskotti*），粉蝶科豆粉蝶属

孔雀绢蝶（*Parnassius loxias Pungeler*）
绢蝶科绢蝶属

克莱粉蝶（*Pieris krueperi*）
粉蝶科粉蝶属

座雪山。

海拔3500米的沟口，山势陡峭、怪石嶙峋，我已经迫不及待地把目光转移到了地面的植物上。在一片沙地上，长着些叫不上名字的豆科植物。豆科植物是豆粉蝶常见的寄主植物，这意味着周围极有可能出现豆粉蝶。我紧张地仔细搜寻，忽然一只黄绿色的蝴蝶贴着地面迅速从视线中飞过，“有豆粉！”我激动得脱口而出。豆粉蝶是我偏爱的蝴蝶种类之一。高原植被稀少，豆粉类蝴蝶的发生量不大，现在发现了它的踪影我怎可罢休！

迅速跑回车里拿上相机，可是等我跑回来再寻找，蝴蝶已踪影全无。豆粉类蝴蝶在高原不仅发生量小，而且活动范围较大，飞行迅速，很少停落，因此记录难度极大。抱着非要搞清楚它的种类的想法，我继续搜寻，翻过一片坡地终于找到了一只。细细端详，发现竟然是维斯豆粉蝶雄蝶。这是2006年我曾在塔什库尔干县记录到的蝴蝶，一晃十年过去了，其间我再没有在夏季来此做过蝴蝶调查。这次十年后再来，记录到的第一只蝴蝶竟然又是它，真是“开张大吉”。

带着这只“纪念版”豆粉蝶的记录，我们沿着中巴公路前往海拔5000多米的红其拉甫国门，接近东帕米尔的雪线高度了，这对我们来说是最具诱惑的海拔高度：它基本是此季节所有种类蝴蝶可能出现的理论上的最高海拔。

## 最喜爱的绢蝶

前往红其拉甫国门途中，出现了很多在路边兜售“雪莲”的牧民，我特意停下车来细看，原来不是雪莲，而是“雪兔子”。雪兔子通常生长在高山雪线附近，和雪莲一样都是菊科风毛菊属的高山植物，因形态像雪中的兔子而得名。当然，我感兴趣的并不是雪兔子，而是跟雪兔子有同样生长环境的植物——红景天。红景天是绢蝶的主要寄主植物，如果能在雪兔子出现的附近发现红景天，说不定就能看到全世界仅存50多种的绢蝶了。

绢蝶是我最喜爱和熟悉的一类蝴蝶，对于它可能出现的一丝机会，我都不会放过。找了一处远远看起来植被状况不错的砾石山坡，我带着相机向山坡爬去。一路上除了常见的种类，还记录到了两种完全不认识的灰蝶和一种槁眼蝶，不认识就意味着惊喜和新发现，也就是说这些种类极有可能在新疆已知蝴蝶记录之外。带着对未知的兴奋，不知不觉爬到近4200米的高度。终于发现了一个熟悉的白色身影在砾石间的草地上飘飘荡荡，“是绢蝶！”我顾不上喘息，赶紧走上前紧

莱䴕灰蝶（*Albulina lehana*）
灰蝶科䴕灰蝶属

夏梦绢蝶（*Parnassius jacquemontii*）
绢蝶科绢蝶属

紧盯住它。待它停落下来，立刻按下快门，这是最令人兴奋的时刻。

仔细检查，确定是夏梦绢蝶的帕米尔亚种，这是我之前预料最有可能遇见的绢蝶种类，主要分布在喜马拉雅山西段和帕米尔地区，寄主就是这一带比较多见的红景天属植物，一切合情合理，惊喜之余多了份安心。

带着收获的愉悦迂回着下山，沿途惊起一对繁殖期的暗腹雪鸡，呼呼啦啦飞过头顶。走过一处崖壁下，还发现了雪豹和熊的粪便，不禁感叹这片土地实在是奇妙无穷！

## 新记录到的蝴蝶

上车继续前行，红其拉甫国门即将出现在眼前。同行伙伴兴奋地介绍着红其拉甫国门时，我忽然看到路边山坡有一大片黄色和白色的小花，应该是豆科黄芪属的植物，这可是豆粉蝶出现的直接线索。“停车，停车！”顾不上解释，我下车就往山坡上爬，四处搜寻着。

这时天气开始转变，晴空不再，大朵大朵的云团汇集到头顶，风似乎也开始变大。幸好，第一只目标马上就出现了。小小的黄绿色身影贴着地表迅捷飞舞然后停落，就在我刚要接近时又迅速飞起来，是豆粉蝶无疑。我紧追几步，因为海拔太高，感觉头晕目眩，失去了蝴蝶的踪迹。云层的阴影也在此时遮盖过来，蝴蝶更是无处寻觅了。好不容易等到阳光透出来，终于记录到了几只体形极小的蝴蝶，是䴕灰蝶属和花弄蝶属的种类。还没来得及收起相机，又发现有豆粉蝶飞过，赶紧去追……

两个小时就这样过去了，最终如愿以偿，记录到了两种高山类豆粉蝶：小豆粉蝶（*Colias cocandica*）和曙红豆粉蝶(*Colias eogene*)，其中曙红豆粉蝶在国内仅记录于西藏的喀喇昆仑山地区，非常罕见，这也是我在新疆境内第一次记录到它。

因为一直保持着高度集中的注意力，下山时才发觉两腿酸软，这里已经是海拔4550米。停下来，拿着望远镜往红其拉甫的方向看去，国旗和一座银白色建筑矗立在雪山垭口，那就是红其拉甫国门。

回到车前，阴云早已遮住太阳，风呼呼地刮起，我不紧不慢地收拾好相机上车。返程的路上，我昏昏睡去，梦里我站在一座银白色的城门下，一个穿着大皮靴、留着大胡子的巴基斯坦士兵远远地向我行了一个军礼。

## 本书作者（按姓氏汉语拼音排序）

**安歌**

生于新疆，旅居全国各地，目前暂住海南。除诗歌外，著有人文地理著作《草原上的毡房》《阳光的首都：海南岛》等，以植物为对象的科学人文随笔集《植物记：新疆篇》《植物记：海南篇》《影树流花》等。新著《一个人的地理》即将由商务印书馆出版。

**陈春石**

毕业于北京师范大学历史学院，爱好旅游、户外探险，广泛从事徒步、骑行、攀登、滑雪等户外运动。目前为自然探险类纪录片编导，代表作有《寻找黔金丝猴》《世界尽头的奇旅》《跑出巅峰》等。

**陈祥军**

新疆乌鲁木齐人，中山大学人类学博士，中南民族大学副教授，硕士生导师。主要研究方向为生态人类学、新疆牧区社会及影视人类学，长时间在新疆牧区从事人类学、民族学田野调查，出版专著《回归荒野：野马的生态人类学研究》。

**范菁**

地理人文摄影师及撰稿人，《旅行家》签约摄影师，《中国国家地理》合作摄影师，全景图片签约摄影师，作品广泛刊登于《中国国家地理》等数十种专业刊物。

**范亚昆**

地道风物内容总监，曾主编《地道风物·黔东南》《地道风物·湘西》。长期为国内人文地理、影像、旅游类杂志担任特邀撰稿人，关注国内的人文地理、地方文化、风俗手艺等领域，并因此足迹遍布各地。

**霍亮子**

曾供职于广州南方日报集团及羊城晚报集团旗下的多家报刊，现为自由撰稿人，从事旅行和文化写作。

**李志刚**

家在新疆。翻过天山，走过阿尔泰，穿过昆仑，登过帕米尔。常常纠结在历史的烟云里，往往纵横于现实山河中。

**刘湘晨**

集探险家、作家、摄影家、影视导演、文化学者多种身份于一身，常年游走在中国地理的最边缘，透过镜头记录中国珍贵的少数民族地理与文化资源，探讨多种地域文化的迥异与共生共融，挖掘作品内涵的深度和世界意义。

**刘雅婧**

现任职于凤凰传媒集团，曾给多家报刊撰稿，多年自驾和背包爱好者，致力于人文历史、地理和文化写作。

**宁二**

甘肃人，现居北京，民间音乐爱好者，“土地与歌”合作社负责人。

**唐荣尧**

诗人、作家、编剧，中国作家协会会员，银川市作家协会副主席、银川文学院院长。出版诗集《腾格里之南的幻像》《写给北纬38度：时光与脚步》以及《西夏帝国传奇》《西夏王朝》《贺兰山——一部立着的史诗》等20部人文专著。

**温瑶**

写作者，冻土爱好者，旅行者，已出版《流经内心的风景》《你的脚步走在你的心上》。

**西锐**

资深户外玩家，自然科学发烧友，科普保育组织“荒野新疆”的创始人。十年时间致力于对新疆荒野的自然观察，对昆虫、鸟类、兽类都有深入的野外调查经验，目前正全力投入新疆天山雪豹调查项目以及完成新疆蝴蝶相关图书。

**叶方舟**

中原人士，长成于淮水之畔，目前供职于某互联网旅游公司。19岁第一次背包旅行，沿314国道一路西行至塔什库尔干，彻底震撼于帕米尔高原之浩瀚苍茫，因而成为改变一生的旅行。2013年初重返帕米尔高原，成为马尔洋乡一所村小学的支教老师，和那里的人们共同生活整整一年。

**张京川**

业余登山爱好者，从部队转业至云南昆明市五华区工商行政管理局。已挑战6座8000米级别山峰，成功登顶3座，其中包括世界第一高峰珠穆朗玛峰、世界第二高峰乔戈里峰。

## 主要摄影师、插画师（按姓氏汉语拼音排序）

### 白芳圆

独立插画师，绘本创作者，为多本期刊创作插画。绘画是一种力量，带来更多的思考。

### 包迪

原新疆喀什地区文联副主席，中国摄影家协会会员，新疆摄影家协会理事，新疆喀什地区摄影家协会主席。1971年开始发表摄影作品，先后在报刊、图书等出版物发表摄影作品4800余幅；多次参加国际、全国及省级摄影艺术展并获奖。

### 汗斯

甘肃临夏人，自由攀登者、高山摄影师、千日寻峰计划发起人。多次带队走过喜马拉雅山脉、喀喇昆仑山脉、克什米尔地区进行探险活动。2016年登上了喜马拉雅山脉印控克什米尔赞斯卡山谷的最高峰——Nun峰，成为第一个登顶该峰的中国人。

### 高嵩

作为土生土长的喀什人，用双脚走遍了广阔的新疆，用相机记录了美丽的山河。拍不尽自然的壮美奇观，摄不尽人间的风花雪月。

### 李翔

新疆摄影家协会副主席、国家地理签约摄影师。一生翱翔于祖国的蓝天，乘机1470余架次，在空中航拍达2780多个小时，拍摄逾60万张图片，飞遍了新疆的大漠、雪山、河流，被业内人士誉为“航拍新疆第一人”“高原野牦牛”。

### 李学亮

中国摄影家协会副主席、新疆维吾尔自治区摄影家协会主席、新疆风光摄影领军人物。多年来独自驾车行遍天山南北，曾5次攀登博格达峰，7次穿越罗布泊，十余次走进塔克拉玛干大沙漠，行程共60余万千米，拍摄摄影作品共5万余幅。

### 连姝凝

于伦敦圣马丁艺术学院学习时尚摄影。曾就职于网易LOFTER，现为90后创业者及自由摄影师。

### 刘玉生

1979年从事新疆文物考古、遗址摄影工作，1998年“楼兰探险考察”作品获全国文物摄影展银奖，2007年“小河考古”作品获全国第22届摄影艺术展作品银奖，2007年“交河故城”作品获新疆文学艺术界联合会、摄影家协会“北极星杯”金奖。

### 王毅楠

自由摄影师，曾跨越亚欧、中东、非洲等地区，游历在20多个国家从事自由摄影和撰稿工作，曾被LOFTER评为2015年十大摄影师之一。

### 吴穹

摄影师、摄影图书编辑。参与编著多本畅销摄影读物；新华社旗下《摄影世界》杂志专栏作者；长期关注拍摄与经济相关的题材。

### 奚志农

云南大理人，野性中国创始人及首席摄影师，多年来一直致力于中国野生动物的拍摄和保护，实践着用影像保护自然的信念。

### 小强先森

自由摄影师。一个东南沿海边长大的潮汕青年。4年前因走狼塔线来到新疆，从此与大西北结缘，足迹几乎遍布新疆14个地州。现长居喀什、塔什库尔干塔吉克自治县。

### 燕娅娅

学院派写实艺术家，油画作品多次入选国家和亚洲级美术展，并多次举办个人画展。20多年来，几乎年年深入帕米尔高原采风、生活。帕米尔已成为一种艺术源泉和精神支点，一个个鲜活的塔吉克人、他们纯净清澈的眼睛和高原温暖的阳光是笔下永恒的主题。

### 叶金

新疆喀什人，自由摄影师，从事摄影近20年，风餐露宿跑遍南疆。入荒野，寻古道，以苍茫天地为床，在村落街巷寻真情故事；探河源，走冰川，以大漠雪山为枕，在风尘绝境觅旷世景观。

图书在版编目（C I P）数据

地道风物·帕米尔之心 / 姚瑶主编. -- 北京：中信出版社，2017.10
ISBN 978-7-5086-7846-7

Ⅰ.①地… Ⅱ.①姚… Ⅲ.①帕米尔高原－地方文化 Ⅳ.①G127

中国版本图书馆CIP数据核字（2017）第159871号

地道风物·帕米尔之心

主　　编：姚瑶
策划推广：北京地理全景知识产权管理有限责任公司
出版发行：中信出版集团股份有限公司
（北京市朝阳区惠新东街甲4号富盛大厦2座　邮编　100029）
（CITIC Publishing Group）
承 印 者：北京华联印刷有限公司
制　　版：北京美光设计制版有限公司

开　　本：787mm×1092mm　1/16　　印　　张：16　　字　　数：150千字
版　　次：2017年10月第1版　　印　　次：2017年10月第1次印刷
广告经营许可证：京朝工商广字第8087号
书　　号：ISBN 978-7-5086-7846-7
定　　价：68.00 元